马克思主义哲学常识

主　　编　闫　玉

副 主 编　孔德生　王雪军

本册作者　任传华

 中华工商联合出版社

图书在版编目（CIP）数据

马克思主义哲学常识 / 任传华编著. --北京：中华
工商联合出版社，2014.3
ISBN 978-7-80249-975-1

Ⅰ. ①马… Ⅱ. ①任… Ⅲ. ①马克思主义哲学－青年
读物②马克思主义哲学－少年读物 Ⅳ. ①B0-0

中国版本图书馆 CIP 数据核字（2014）第 034656 号

马克思主义哲学常识

作　　者：任传华
出 品 人：徐　潜
策划编辑：魏鸿鸣
责任编辑：林　立
封面设计：徐　超
责任审读：郭敬梅
责任印制：迈致红
出版发行：中华工商联合出版社有限责任公司
印　　刷：固安县云鼎印刷有限公司
版　　次：2014 年 4 月第 1 版
印　　次：2021 年 10 月第 2 次印刷
开　　本：155mm×220mm　1/16
字　　数：72 千字
印　　张：10
书　　号：ISBN 978-7-80249-975-1
定　　价：38.00 元

服务热线：010－58301130
销售热线：010－58302813
地址邮编：北京市西城区西环广场 A 座
　　　　　19－20 层，100044
http://www.chgslcbs.cn
E-mail：cicap1202@sina.com（营销中心）
E-mail：gslzbs@sina.com（总编室）

目录 *Contents*

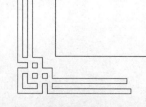

MA KE SI ZHU YI ZHE XUE CHANG SHI

一、哲学之"无用而大用"

有人或许会问:"学哲学有什么用?又不能当饭吃。"的确,学哲学是不能当饭吃,但学了后却能知道"吃饭是为了什么"。当人们问物理学家、数学家、文学家"你的学问有什么用",他们会侃侃而谈,但哲学家会反问一句,"有必要吗?"这就是哲学家身上流淌的血液。然而,我们存在的这个时代里,市场经济浪潮汹涌澎湃,对哲学的普遍误解使人们望而却步,我们看不到哲学作为爱智慧的本来面貌和作为最高问题之思考的独立地位。

"无用之用"源于这样一个故事。一日,庄子与弟子,走到一座山脚下,见一棵大树枝繁叶茂却无伐木者砍伐它，因为伐木者认为此树用来作舟船，则沉于水；用来作棺材，则很快腐烂；用来作器具，则容易毁坏；用来作门窗，则脂液不干；用来作柱子，则易受虫蚀，为不材之木，无所可用。于是庄子对弟子说："此树因不材而得以终其天年，岂不是无用之用，无为而于己有为？"

何谓无用之用？《庄子》："人皆知有用之用，而不知无用之用。"无用和有用是可以相互转化的，两者是辩证关系。说白了，有用是用，无用也是用。例如，不成材的臭椿树，对于做家具来说是没用，对于这棵树免予斧斤，尽其天年来说却是有大用。哲学的智慧展示了其"无用之大用"：言其"无用"，是因为哲学不同于具体的知识或技术，它并不能代替后者去解决具体的问题；言其"大用"，是因为哲学领域中的智慧探索与智慧之境，总是通过对知、行过程的普遍规范，不断在个体与类的层面，引向真善美的统一。包括哲学、文艺、美学等在内的人文知识，并不是像一些人所说的"无用"，相反，它们对滋养人的心田、陶冶情感、激发灵感大有好处。培根曾言："历史使人聪明，诗歌使人富于想象，数学使人精确，自然科学使人深刻，伦理使人庄重，逻辑和修辞学使人善辩。"学习这些看似"无用"的知识，假以时日，逐步积累，在关键时刻，就会发挥作用，诚如老庄所云：无用之用方为大用。

（一）哲学和哲学基本问题

一听到"哲学"这个名词，很多人马上就会联想到天机之类莫测高深的问题，也有很多人不屑一顾，认为与自己的生活相去甚远。其实，无论是什么职业、什么身份的人，他的周围都存在着哲学。哲学深入生活的方方面面。

"哲学"一词源于古希腊文的"philosophia"，意思是"追求"和"智慧"，即"爱智"。在汉语中，"哲"是聪明、智慧的意思。以"哲学"翻译和表达"philosophia"，往往使人把"哲学"当做智慧的总汇或关于智慧的学问。从哲学的本义：爱智慧或追求智慧。哲学就是一门给人智慧、使人聪明的学问。

古希腊哲学家亚里士多德说，哲学起源于好奇，人们是由于好奇而开始哲学思考的。一个对事物和现象感到困惑和好奇的人，就感到了自己的无知，人们是为了摆脱无知而进行哲学思考的。西方著名哲学家罗素说："哲学不是一般的知识，哲学的起源是由于我们要用一种非常沉毅的企图去追求一种真实的知识。"

哲学作为智慧之学，无疑可以给人以智慧。但哲学的智慧和其他科学有所不同。哲学的智慧首先表现为一个人对宇宙、人生的正确把握和认识，即让人正确地看待宇宙和人生，或如冯友兰所说，哲学的功用不在于增加积极的知识，而在于提高心灵的境界。具体知识和哲学对于人的作用是不同的，"具体知识使人成为某种人，而哲学使人成为人"。马克思说："没有哲学我就不能前进。"陈云说："学好哲学，终生受益。"

哲学能启迪智慧，使人聪明。不仅要学好哲学，还要把哲学用于指导生活。应该如何理解哲学？

1. 哲学理解

哲学是系统化、理论化的世界观

世界观是人们对于整个世界总的看法和根本

观点。世界观，是人们在实践中形成的。为什么这样说呢？因为人类要生存，就必须进行物质生产，必须与周围世界打交道，通过进行物质生产和其他实践活动了解自然，了解周围的世界。人类正是在谋求物质生活资料以维持自身生存和不断改善自身生活条件的长期劳动实践中，逐步形成对周围世界的看法和观点的，这种看法和观点就是世界观。这种世界观是人们在生活实践中自发形成的、零散的、不系统的、非理论形态的世界观。世界观人人皆有，并不是每个人都有自己的哲学思想；而哲学则是世界观的理论体系。哲学是依靠理论论证和逻辑分析系统地回答关于世界的最一般的问题。哲学是世界观，但世界观不是哲学，世界观中的一部分才能成为哲学。

世界观是怎样成为哲学的呢？关键在于实践。因为人们在实践中对周围世界的认识总是从部分的、具体的认识开始的，随着实践活动的深入和发展，眼界的不断扩大，人们对世界的认识也不断拓展和深化，并逐步把对事物的部分的、具体的认识上升到整体的、抽象的认识，由个性上升到共性，将自发形成的、不系统的、非理论形态的世界观加以提炼和升华，形成对周围世界的相对系统的看法和观点。随着社会分工的出现，尤其是人类进入阶级社会以后，社会中的一部分人有可能静下心来从事这种理论研究，并通过一系列特有的概念、范畴和系统的逻辑论证，把不系统的、非理论形态的世界观形成思想体系，即形成了系统化、理论化的世界观，产生了各种不同的哲学思想和哲学派别。

哲学是自然知识、社会知识、思维知识的概括和总结

哲学和具体科学存在区别。具体科学的研究对象是世界某一领域的特殊规律；哲学的研究对象则是整个世界发展的最普遍最一般的规律。哲学和具体科学又存在联系。哲学以具体科学为基础，同时又为具体科学提供世界观和方法论的指导。我们既要反对用哲学代替具体科学的"代替论"，又要反对取消哲学指导作用的"取消论"。

哲学是关于方法论的学说

马克思、恩格斯适应时代和实践的要求，在批判地继承和改造以往哲学优秀成果的基础上，实现了唯物主义和辩证法的统一，创立了辩证唯物主义和历史唯物主义，从而奠定了马克思主义整个理论大厦的根基，为我们提供了科学的世界观和方法论。世界观通过方法论表现出来。方法论是人们认识和改造世界所遵循的根本方法的学说和理论体系，方法论同世界观是统一的。世界观和方法论相统一表现在：第一，世界观和方法论是同一个问题的两个侧面；第二，一般来说，有什么样的世界观就会有什么样的方法论，即世界观决定方法论。

2. 哲学基本问题

马克思和恩格斯批判地吸收了过去哲学上的成就，总结了自然科学的成果和无产阶级斗争的历史经验，建立了马克思主义哲学。

人类在认识和改造世界的实践活动中普遍存在的根本问题是哲学的基本问题；它是解决其他一系列哲学问题的前提和基础，决定着一切哲学体系的基本路线和方向。它为研究哲学发展史提供了一条基本的指导性线索；它提供了划分哲学基本派别的唯一的科学标准；它是反对形形色色唯心论、不可知论、形而上学的锐利武器；它是实际工作中的基本问题，为我们认识和改造世界提供了一个根本原则。

哲学根本问题又称哲学的基本问题、哲学的最高问题，是指思维和存在、意识和物质的关系问题。

哲学基本问题有两方面的内容：第一方面是思维和存在、意识和物质何者为本原的问题。对这一方面的问题历来有两种根本不同的回答，由此在哲学上形成了唯心主义和唯物主义两大阵营、两个基本派别、两条对立的路线。凡是认为意识是第一性的，物质是第二性的，即意识先于物质，物质依赖意识而存在，物质是意识的产物的哲学派别属于唯心主义；凡是认为物质是第一性的，意识是第二性的，即物质先于意识，意识是物质的产物的哲学派别属于唯物主义。除了这两种根本对立的回答外，还有一种回答，认为物质和意识是两个独立的、互不依赖的本原。持这种观点的哲学流派称为二元论，它是动摇于唯物主义和唯心主义之间的不彻底的哲学，最终往往倒向唯心主义。哲学基本问题的另一个方面是思维和存在的同一性问题。对这一方面的问题，绝大多数哲学家，包括唯物主义哲学家和一些唯心主义哲学家都做了肯定的回答。但是，唯物主义和唯心主义对这个问题的解决在原则上是不同的。唯物主义是在承认物质世界及其规律的客观存在，承认思维是存在反映的基础上，承认世界是可以认识的；唯心主义则把客观世界看作思维、精神的产物，认为认识世界就是精神的自我认识。也有一些哲学家如休谟和康德，否认认识世界的可能性，或者否认彻底认识世界的可能性，他们是哲学史上的不可知论者。

马克思和恩格斯批判地吸收了过去哲学上的成就，总结了自然科学的成果和无产阶级斗争的历史经验，建立了马克思主义哲学，即辩证唯物主义和历史唯物主义。

（二）马克思主义哲学是科学的世界观和方法论

马克思主义哲学的产生，在人类哲学发展史上开创了一个新的阶段。它无论从内容、对象以及社会作用上都与旧的哲学有着根本的不同，成为唯一科学的世界观和方法论。从内容上看，马克思主义哲学把唯物主义和辩证法有机地统一起来，特别是将唯物主义原则贯彻到社会历史观中，第一次正确解决了社会存在和社会意识的关系这一历史观的基本问题，创立了历史唯物主义，结束了唯心主义在历史观中长期独占统治地位的局面。辩证唯物主义和历史唯物主义不可分割地高度统一，使马克思主义成为有史以来最彻底的唯物主义哲学。从对象上看，马克思主义哲学第一次确立以"外部世界和人类思维的一般规律"作为自己的对象。从而正确解决了哲学和具体科学的关系，结束了以往哲学家们竭力追求的包罗万象"科学之科学"的时代。哲学既不能"代替"一切具体科学，也不能因有了具体科学而"取消"哲学。马克思主义哲学是科学的世界观和方法论。从社会作用上看，以往的哲学"只是用不同的方式解释世界"，马克思主义哲学则是以改造世界为目的的"实践的唯物主义"。马克思主义哲学是无产阶级认识世界和改造世界的思想武器。马克思主义哲学以其在实践基础上科学性和革命性的高度统一，标志着它与旧哲学根本不同的特点。因此，马克思主义哲学既是对人类历史上优秀哲学遗产的继承和总汇，又是这一哲学思想发展的新的更高的阶段。

马克思主义哲学是关于自然、社会、思维发展一般规律的科学；是无产阶级世界观和方法论的科学理论体系；它同旧哲学有着根本的区别；它的产生是哲学史上的革命变革。

第一，从研究的对象及哲学与具体科学的关系方面来说，它是关于自然、社会和思维发展普遍规律的科学，从而真正地解决了哲学与具体科学之间的关系。

第二，从哲学内容上说，它是在科学实践的基础上把唯物主义和辩证法统一起来，把唯物辩证的自然观和历史观统一起来的完备的理论体系。

第三，从哲学阶级属性和社会作用上说，它是指导无产阶级和广大人民群众认识世界和改造世界的强大思想武器，它在实践基础上达到了科学性和革命性的内在统一。

综上所述，马克思主义哲学在诸多方面实现了哲学史上的革命变革，同旧哲学有着根本区别，成为自有哲学以来最科学的世界观和方法论体系，是当今时代精神的精华。

（三）马克思主义哲学产生和发展

马克思主义哲学产生于 19 世纪中叶，是马克思和恩格斯共同创立，由它的后继者不断丰富和发展的关于自然、社会和人类思维发展一般规律的学说，是无产阶级世界观的科学理论体系。马克思主义哲学的产生，是近现代自然科学的产物，是近代社会实践和阶级斗争的产物，是全部思想史的总结，也是马克思恩格斯等马克思主义创始人理论探索的成果。

马克思主义哲学是 19 世纪中叶欧洲社会历史发展的必然产物。

资本主义生产方式在 18 世纪末到 19 世纪初的欧洲的一些主要国家已占统治地位。首先由英国开始的工业革命，使生产力迅速地发展起来。马克思在《共产党宣言》中说："资产阶级在它不到一百年的阶级统治中所创造的生产力，比过去一切世代创造的全部生产力还要多，还要大。"工业革命促进生产力的巨大发展。社会生产力的巨大发展使资本根源于资本主义生产方式的各种社会矛盾日益尖锐，阶级对立简单化，阶级冲突尖锐化。生产社会化和生产资料私有制的矛盾开始激化，这一矛盾的加剧必然导致周期性经济危机的爆发。1825 年，英国发生了世界历史上第一次生产过剩的经济危机。从此以后，这种危机便周期性地爆发。经济危机发生，出现工厂倒闭，工人大量失业。经济危机使资本主义经济倒退。随着资本主义的发展，无产阶级队伍也在不断发展壮大、成为一支独立的政治力量。1831～1834 年法国里昂工人的武装起义，1836 年英国的宪章运动以及 1844 年德国的西里西亚纺织工人的起义。欧洲三大工人运动结果都失败了，但是标志无产阶级作为独立的政治力量，登上历史的舞台，表明无产阶级反对资产阶级的斗争进入了一个新的历史时期。无产阶级为实现摧毁旧世界、创立新社会、变奴隶为主人的历史使命，迫切需要一个能够正确反映社会发展规律和无产阶级利益的科学理论来指导。同时，无产阶级反对资产阶级的阶级斗争的丰富经验，为这个科学理论的产生提供了现实的经验。

恩格斯说："随着自然科学领域中每一划时代的发现，唯物主义也必然要改变自己的形式。"从19世纪开始，自然科学的研究取得了突破性的进展，进入了整理材料、寻找内部联系和跨门类研究的阶段，形而上学的自然观逐渐被打开了一个又一个的缺口，康德、拉普拉斯的星云假说推翻了牛顿"宇宙不变"和"上帝第一推动"的观念；赖尔的地质理论证明了地球也有一个演化的历史。特别是细胞学说、能量守恒和转化定律、生物进化论这三大发现，揭示了自然界的物质统一性以及各种物质形态之间联系和发展的辩证性质，为哲学总结自然现象以及认识它们的一般规律提供了可靠的知识基础。

恩格斯说："由于这三大发现和自然科学的其它巨大进步，我们现在不仅能够指出自然界中各个领域内的过程之间的联系，而且总的说来也能指出各个领域之间的联系了，这样，我们就能够依靠经验自然科学本身所提供的事实，以近乎系统的形式描绘出一幅自然界联系的清晰图画。"

科学学说的创立和发展需要站在巨人的肩膀上，马克思主义也不例外。马克思主义吸收了几千年人类思想和文化发展中的一切优秀成果。像英国古典经济学、法英空想社会主义和法国复辟时期的历史学家的历史学思想为马克思主义哲学提供了间接理论来源。英国古典经济学家亚当·斯密和大卫·李嘉图创立劳动价值论。其主要功绩是奠定了劳动价值论的基础，对资本家与工人的对立的经济根源做了初步的分析，由于阶级的局限，他们不能彻底揭示资本主义经济发展的规律，其体系也存在许多矛盾、混乱和不科学之处。法国复辟时期历史学家梯叶里、基佐、米涅的历史理论，特别是他们对阶级斗争在社会发展中的作用做了考察，他们曾觉察到人民的力量以及经济利益在社会生活和阶级斗争中所占的重要地位，试图说明阶级斗争同经济利益的关系，认为阶级斗争是政治事变的动力，是理解中世纪以来法国历史的钥匙，主张研究人民的历史。圣西门、傅里叶和欧文等空想社会主义者对资本主义内在矛盾进行了无情的揭露和对未来社会做了天才猜测。

他们认为：资本主义是一个是非颠倒的世界，是一个把自己的幸福建立在别人痛苦基础上的社会，是一个利己主义和投机欺诈的社会，"私有制使人变成魔鬼，使全世界变成地狱"，是一切罪恶的根源。他们还对未来社会做了不少的预见。为启发工人阶级觉悟提供了宝贵的思想材料，为科学社会主义提供了有益的思想材料。

马克思主义哲学是人类先进思想成果的结晶，它批判地继承了哲学史上唯物主义和辩证法的优良传统。而马克思主义哲学的直接理论来源则是德国的古典哲学。德国古典哲学是近代哲学发展的最高形式，在黑格尔的体系中达到了顶峰。黑格尔是辩证法思想的集大成者。他的最大功绩就是恢复了辩证法这一最高的思维形式，把整个自然的、历史的和精神的世界描写为一个过程，描写为处在不断的运动、变化、转变和发展中，并试图揭示这种运动和发展的内在联系。黑格尔的辩证法思想的主要方面是：发展和内在联系的思想、对立统一的思想、主观能动性的思想、历史和逻辑统一的思想。但是，他的丰富的辩证法思想却隐藏在神秘的唯心主义体系之中，他的辩证法是革命的，万能的体系却窒息了辩证法。费尔巴哈是德国古典哲学的最后一个代表。他的伟大功绩是批判了黑格尔的唯心主义，恢复了唯物主义的权威，坚持了物质第一性、意识第二性的哲学观点。但他在批判黑格尔的唯心主义时，却把黑格尔的辩证法也抛弃了。他看到了人的自然存在，但他所说的人是生物学意义上的人，他不懂人的本质是实践的。

马克思、恩格斯批判地吸收了黑格尔哲学辩证法思想的"合理内核"，抛弃了它的唯心主义；批判地吸收了费尔巴哈哲学唯物主义的"基本内核"，抛弃了它的形而上学，并根据新的实践经验和科学材料，对它们进行革命的改造和发展，从而把辩证法和唯物论有机地结合起来，把唯物辩证的自然观与历史观统一起来，创立了崭新的马克思主义哲学。

马克思和恩格斯都是学识渊博、思想敏锐的学者，这使他们能够站在时代智慧的高峰，批判地继承人类思想史上的一切优秀成果，概括和总结科学发展的最新成就。同时他们又是伟大的革命家，他们亲自参加和领导了当时无产阶级争取解放的伟大斗争实践，在革命实践同各种错误思潮的斗争中，他们认识到广大劳动群众创造历史的力量，看到了无产阶级的伟大前途，逐步从唯心主义转变为唯物主义，从革命民主主义转变为共产主义，成为伟大的共产主义者。

1842 年，马克思在《莱茵报》办报期间，使他有了广泛了解社会接触社会的机会，对社会各方面的问题，作了大量的调查研究，发表了一系列的文章，其中《关于林木盗窃法的辩论》，《摩塞尔记者辩护》，对马克思世界观的转变起了关键作用。

由于马克思宣传进步观点，遭到了普鲁士政府的迫害，马克思过着颠沛流离的生活。但马克思坚持不懈地进行了长达 42 年的资本论写作。马克思具有大无畏的批判精神，凡是人类所建树的一切，马克思都批判过、研究过。为了《资本论》的写作，他阅读了 1000 多本书，做了 400～500 本读书札记。

我们进一步了解生活与工作中的马克思。马克思在语言上是有特殊才能的。他在写作时，用他的友人的话说，有时甚至达到了咬文嚼字的程度。他非常注意语言的简洁和正确，同时也不忘记文字的独创性和生动性。在他的经济学著作中，许多严谨的概念都是用生动的比喻和典故表达出来的。当他的巨著《资本论》出版后，一些专家这样评论说，这部书与通常的经济学著作相比，在文字叙述上的一大特点是"通俗易懂，明确……非常生动"；"使最枯燥无味的经济问题具有一种独特的魅力"。还在青年时代，马克思就已经掌握了拉丁语、古希腊语和法语。定居伦敦后，他又学会了英语。德、英、法三种文字就成了他表达思想的主要文字。李卜克内西说，马克思用英文和法文写作就像真正的英国人和法国人一样：给《纽约每日论坛报》写文章用的是典范的英文，《哲学的贫困》用的是典范的法文。此外，马克思还能用意大利语、西班牙语、罗马尼亚语等多种语言熟练地阅读；到了 50 岁，他居然开始学习俄语（俄语被大众认为是很难学的一种语言，因为和西欧语言差别很大），并很快就能津津有味地读俄文书了。马克思对普希金、果戈里等文学家十分喜爱，读了俄国革命民主主义作家车尔尼雪夫斯基的作品后，对他非常敬重。

　　1848 年革命失败后，欧洲工人运动处在停滞沉睡的状态，而资本主义在迅速发展。马克思这时退回到书房，潜心研究资本主义生产方式，为揭示社会发展的未来趋向锻造理论武器。

　　他大量地阅读，大量地写摘要、札记。他研究得最多的是经济学。他深入透彻地研究了政治经济学史，从古希腊的色诺芬一直到自己同时代的经济学家；他研究了各个时期的经济史，特别是资本主义的经济史；他还研究工艺学，对工艺学在资本主义生产中的运用，对科学技术的发现和发明都有精深的了解。在他的笔记中，他对几个世纪以来数学、物理学和其他科学在生产中的应用，都做了详细的摘录。他对于货币和价格理论、流动资本的周转、资本主义企业中的账簿计算等问题，都下了很深的工夫。他还读了卷帙浩繁的官方报告，其中包括大量的工厂调查员报告"蓝皮书"——这些资料是被国会议员们当作废纸卖掉，而马克思又以低价从旧书商那里买来的。不只是经济学，马克思对古往今来的哲学、文学也都有精深的研究。他曾经有过写哲学史的设想。他对伟大的文学家充满了热爱，从荷马、埃斯库罗斯到但丁、莎士比亚、塞万提斯、歌德、巴尔扎克的作品，都非常熟悉；他把莎士比亚看作人类的伟大戏剧天才，对他的戏剧可以成段成段地背诵。他还喜好演算数学，把这当作一种休息。他对数学有特别的偏爱，认为一种科学只有在成功地运用数学时，才算达到了真正完善的地步。

马克思对各国的历史、政治、外交、国际关系都作过扎实的研究，并一直给予极大的关心。他对历史始终有着浓厚兴趣，读过古往今来的大批历史著作、游记、回忆录、传记等。他的涉足范围从欧洲到美洲和亚洲，甚至到远在东方的中国。他直到晚年还写下了大量的历史学笔记。他一生写出了众多论述国际问题的文章和小册子，只要阅读一下它们，就不能不对作者的丰富知识和真知灼见表示惊叹。

自从 1850 年 6 月马克思得到英国博物馆的阅览证后，除了天气恶劣、生病和暂时外出，马克思几乎每天从早晨 9 点到晚上 7 点都在里面查阅资料、做摘要、写著作。晚间在家中又继续工作，常常通宵达旦。

由于工作过于紧张，他那本来健壮的身体从

19世纪50年代起就逐渐开始出毛病了。头痛、肝病、痔疮……这些病状侵蚀着他的健康，使他大受其苦。医生一再要求他加强体育锻炼并禁绝夜间工作，但这些要求，不到万不得已时他是不会认真照办的。过度工作、缺少锻炼，加上饮食不良，是马克思未能长寿的重要原因。在他去世许多年后，李卜克内西回忆说，如果马克思能够早下决心过一种正常的生活，那么他一定会长寿。这是对马克思学习与工作的真实写照。马克思把自己的一生都奉献给了无产阶级的革命事业。我们认识到了马克思主义哲学的创立离不开马克思本人的主观努力。由此我们可以看出马克思的勤奋好学以及深厚的学术素养。

1845年春马克思所写的《关于费尔巴哈的提纲》，以及1845年到1846年马克思和恩格斯合著的《德意志意识形态》，以社会实践为基础，系统地阐发了辩证的和历史的唯物主义基本原理，标志着马克思主义哲学的形成。

马克思主义哲学是人类历史根本转折时代的产物，是人类全部优秀文化遗产的结晶。历史发展到19世纪中叶，不仅提出了适应时代要求创立新的世界观的任务,而且也从各个方面为创立新世界观提供了必要的条件。马克思和恩格斯的伟大历史功绩,就在于顺应了时代的紧迫需要,将这种可能转变为现实,为无产阶级提供了科学的世界观和伟大的认识工具。

马克思主义是在实践中产生的,并在实践中不断丰富和发展。这种发展,除了马克思、恩格斯根据实践的发展对自己创立的理论不断充实和完善外,其后首先是由列宁等马克思主义者在领导俄国革命中实现的。中国共产党从成立之日起就把马克思列宁主义确立为自己的指导思想,并在长期奋斗中坚持把马克思主义基本原理同中国具体实际相结合,发展了马克思主义,先后产生了毛泽东思想和中国特色社会主义理论体系。

二、追寻世界的本质

（一）理想："理想有利就想"，前途："前途有钱就图"——物质和意识的关系

辩证唯物主义原理认为，物质决定意识，意识能动地反作用于物质，先进的正确的意识指导人们的实践，对客观世界的改造起促进作用；落后的错误的意识指导人们的实践，对客观世界的改造起阻碍作用。理想、前途是人们对未来的设想，属于意识的范畴，利益、金钱是人们的物质

利益的关系，属于社会的物质范畴。因此，理想和利益、前途和金钱的关系属于意识与物质的关系，两者既有区别又有联系，理想、前途是在现实的物质利益基础上产生的，理想、前途是为了实现长远的根本利益。我国今天的现实正处在社会主义初级阶段，正沿着中国特色社会主义道路前进，我国人民的共同理想和目标就是实现社会主义现代化，这是全国人民共同的长远的根本利益。正是全国人民的这一共同理想，指引着我国人民奋发图强、艰苦创业，推动着我国社会主义现代化建设的不断前进。

理想同利益、前途同金钱混同，在哲学理论上是一种庸俗唯物主义观点，在价值观上是一种拜金主义观点，用这种观点来指导人生、指导行为，就可能导致为了金钱而不择手段，产生损公肥私、损人利己甚至违法乱纪、违背道德的行为。因此这种观点不仅是错误的，而且是有害的。当代中国青年是社会主义现代化事业的接班人和建设者，应当树立正确的利益观、价值观、理想观，把国家、人民的利益放在第一位，坚持个人利益和集体利益结合，坚持社会的共同理想和个人理想的结合，为实现社会主义现代化目标而奋斗。

意识能够反作用于客观事物。正确的意识能够指导人们有效开展实践活动，促进客观事物的发展；错误的意识则会把人的活动引向歧途，阻碍客观事物的发展。一定要重视意识的作用，重视精神的力量，自觉树立正确的思想意识，克服错误的思想意识。我国开展道德模范评选活动，就是为了激励全国各族人民学习他们的崇高精神，树立正确的思想意识，在正确的意识指导下去认识世界和改造世界。

现阶段加强社会主义精神文明建设、加强未成年人思想道德建设、弘扬中国精神就是弘扬以爱国主义为核心的民族精神和以改革创新为核心的时代精神以及坚持以马克思列宁主义、毛泽东思想、邓小平理论、"三个代表"重要思想、科学发展观为指导，把我国建成富强、民主、文明、和谐的社会主义现代化国家。

（二）"人有多大胆，地有多大产"
——客观规律性和主观能动性的关系

"人有多大胆，地有多大产。"这句话产生于

1958年的"大跃进"时期。那时新中国成立才八九年，一个新兴的国家处于起步阶段，百废待兴，而4.5亿人的温饱是头等大事。一些地方干部，为了自己的业绩"好"，刮起了一股浮夸风。今天亩产1000斤明天亩产1200……甚至亩产万斤粮，弄虚作假。只要有胆量敢想敢说（大话），亩产多少都可以。于是就有了"人有多大胆，地有多大产"的口号，有的干部把几十亩、上百亩产的粮食摆放到一亩地上，让领导来参观，以显示自己的农业成绩。

"人有多大胆"中的"胆"指的是人区别于动物的主观能动性，指人的信心、勇气、智慧、谋略等意识层面的东西，也体现在实实在在的行动中，更为主要的是人要有一股子豪气，一种在困难面前不服输的精神状态。

具体到胆与产是不是正比关系，还要取决于多种条件，比如是否尊重规律或在多大程度上尊重规律，结果会不同；再比如是否尊重客观条件或在多大程度上尊重客观条件，结果也会不同。强调的是人一定要充分发挥主观能动性，前提是人具有主观能动性，具体到产量问题则不是这命题的重点。当然，单从理论上去理解"胆"与"产"的正比关系是具有绝对性，一味地照搬教条，在实践中也是有害的。

既要明白其中强调的是人要充分发挥主观能动性，要有在自然面前不服输的劲头，要对未来充满信心，看到光明的前途；同时在实践中要实事求是，正确发挥主观能动性，才能达到预期目的。如果一味片面地强调"胆"这个主观性的一面而忽视甚至不要客观的一面，就陷入了唯心主义的泥潭，走向了反面，就曲解了这个命题本意。

规律是指事物运动过程中本身所固有的本质的联系必然的联系。规律的存在是客观的，不以人的意志为转移的。规律既不能被创造，也不能被消灭。但并不意味着人们在规律面前无能为力，人们可以认识和利用规律为人类造福。意识主观能动性是指人们能动地认识世界和能动地改造世界的实践能力和作用。二者的辩证关系：一方面尊重客观规律是发挥主观能动性的前提和基础，只有尊重客观规律，才能更好地发挥人的主观能动性。人们对客观规律认识越深刻、全面，主观能动性越能充分地发挥。如果违背客观规律，就会受到它的惩罚。我们知道的一句话——"劈柴不照纹，累死劈柴人"，说明规律是客观的，发挥主观能动性，要以尊重客观规律为基础，否则，就不能成功。另一方面发挥人的主观能动性是认识、掌握和利用客观规律的必要条件，因为客观规律是隐藏在事物内部的。要正确地认识必须通过实践，依靠主观能动性的发挥，利用客观规律改造世界。

总之，尊重客观规律和发挥人的主观能动性是相辅相成的，辩证统一的。既要尊重客观规律，又要发挥人的主观能动性，把坚持唯物论和辩证法有机统一起来。

主观能动性和客观规律性辩证关系的原理的方法论意义：反对否认客观规律性，夸大人的主观能动性，就会陷入形而上学的泥潭，其表现为"精神万能论"，在革命和建设中往往会导致超越历史发展的阶段。在政治上会犯冒险盲动的"左"的错误。夸大尊重客观规律性，否认人的主观能动性，就会陷入形而上学机械论的错误。其表现为"宿命论"，在革命和建设中，往往会导致落后于历史发展的阶段，在政治上开历史的倒车，犯

"右"的错误。在社会主义现代化建设中，必须尊重社会主义建设的客观规律，从实际出发，实事求是，同时必须充分发挥广大人民群众的积极性、创造性，把革命热情和科学态度结合起来，才能开创新的局面，加速我国现代化建设。既要反对不尊重社会主义建设发展规律的唯心主义、精神万能论，又要反对拜倒在规律面前，否认发挥人民群众主动性、创造性的机械论，才能搞好现代化建设。

（三）一切从实际出发，实事求是

在实际工作中，是从实际出发，实事求是，还是从主观意志出发，自以为是，这是唯物主义和唯心主义两条对立的思想路线的表现。一切从实际出发，就是从客观存在的、不以人的意志为转移的事实出发。一切从实际出发就是把客观存在的实际事物作为观察和处理问题的根本出发点，反对主观主义。一切从实际出发，说到底，就是要做到实事求是。实事求是是马克思主义的世界观和方法论，是马克思主义的精髓。在延安整风运动中，毛泽东为整顿党的作风，借用了"实事求是"这个概念，并做了新的解释。早在1937年7月、8月间，毛泽东曾连续写出《实践论》、《矛盾论》两篇光辉哲学著作，运用马克思列宁主义的辩证唯物主义思想，系统地阐述了客观事物内部联系、发展的规律性，以及理论、实践的相互关系与作用。1941年5月，他在《改造我们的学习》一文中说："我们必须认真地研究马克思列宁主义，把马克思列宁主义的理论和中国革命的实际运动结合起来，用马克思列宁主义之'矢'，去射中国革命之'的'。这种态度就是实事求是的态度。"① 他进一步解释说："'实事'就是客观存在的一切事物，'是'就是客观事物的内部联系，即规律性，'求'就是我们去研究。"这样，就给"实事求是"赋予了新的含义。这就是从客观存在的实际情况出发，作周密的调查，详细地占有第一手材料，在马克思列宁主义一般原理的指导下，

---

① 毛泽东：《改造我们的学习》，载《毛泽东选集》第3卷，北京：人民出版社1991年版，第801页。

进行科学的分析研究，从客观事物本身引出其固有的而不是臆造的规律性，作为我们行为的向导。实事求是是融唯物论、辩证法、认识论和唯物史观为一体，是马克思主义哲学的精髓。从实际出发，实事求是是辩证唯物主义一元论的根本要求，主要是因为它体现了辩证唯物主义的以下原理：从实际出发，实事求是，就是要按照客观事物的本来面貌去认识事物，这就是坚持了物质第一性、意识第二性的辩证唯物主义一元论的原理。这正是"从物到感觉和思想"的认识路线所要求的。从实际出发，实事求是，就要按照客观事物不断变化发展的实际去认识事物，这就坚持了运动是物质的根本属性和存在方式的原理。物质世界运动发展的普遍性原理，要求我们既要承认事物有相对稳定性的一面，又必须坚持用运动变化、发展的观点看问题，指导实际工作的方针、改革，要与时俱进，不能因循守旧、裹足不前。从实际出发，实事求是，要求我们做任何工作，都要考虑时空条件，因时制宜，因地制宜，这就坚持了时间和空间是运动着的物质的存在形式的原理，坚持了一切以时间、地点、条件为转移，反对超历史、超时空的"左"的倾向，也要反对落后于时空条件变化的右的倾向。从实际出发，实事求是，就是按照客观事物运动变化的实际情况，揭示客观事物固有的规律性和发展的过程性、阶段性，按客观规律办事。这就坚持了物质运动具有客观规律性的原理。

三、世界怎样存在

（一）洛伦兹的蝴蝶效应——联系观

"蝴蝶效应"是气象学家洛伦兹于 1963 年提出来的。在南美洲亚马逊河流域热带雨林中，一只蝴蝶漫不经心地扇动几下翅膀，可能在两周后引起美国得克萨斯一场龙卷风。其原因在于：蝴蝶翅膀的运动，导致其身边的空气系统发生变化，并引起微弱气流的产生，而微弱气流的产生又会引起它四周空气或其他系统产生相应的变化，由此引起连锁反应，最终导致其他系统的极大变化。科学家把这种现象戏称为"蝴蝶效应"。意思是：一种表面上看起来毫无联系、非常微小的变化，可能带来巨大的改变。"蝴蝶效应"之所以令人着迷，发人深省，不但在于其大胆的想象力和迷人的美学色彩，更在于其深刻的科学内涵和内在的哲学魅力。它体现哲学的联系观。

联系就是事物之间以及事物诸要素之间的相互影响、相互制约和相互作用。哲学上的联系与具体联系是有区别的。哲学上讲的联系是对万事万物具体联系的抽象与概括，是一种抽象联系。它与具体联系的关系是：抽象联系是具体联系的抽象与概括，具体联系是抽象联系的具体表现。简单地说，就是一般与个别或共性与个性的关系。联系的客观性是指联系是事物本身所固有的，是不以人的意志为转移的，不是主观臆造的。自在事物的联系在人类产生以前就存在了，人为事物的联系是人类实践的产物，形成后便独立于人的意识之外。联系的客观性要求我们从事物固有的联系中把握事物，切忌陷入主观随意性。有人认为 4 和 13 是不吉利的数字，6、8、9 是吉利的数字，因为它们与人的祸福有联系。这种观点的人否认了规律的客观性，是一种主观臆断的联系，是唯心主义的观点。人们无法否定某一事物与周围事物的客观联系。人们无法割断事物的昨天与今天、今天与明天的联系。

联系是客观的，是否意味着人对事物的联系无能为力？

第一，联系是客观的，联系是事物本身固有的，不以人的意志为转移。自在事物的联系在人类社会产生前就存在了，当然不以人的意志为转移；人为事物的联系是尽管有"人化"的特点，但他是人类实践的产物，只有通过实践这一客观的物质活动才能形成，而且形成后就独立于人的意识之外了，所以也具有客观性。

第二，联系是客观的，并不意味着人对事物的联系就无能为力。人们可以根据事物固有的联系，改变事物的状态，调整原有的联系，建立新的具体联系。

联系的普遍性包括三层含义：任何事物内部的各个要素之间都是相互联系的；事物与事物之

间也是相互联系的,任何事物都不是孤立存在的;整个世界是相互联系的统一整体,要看到世界上没有孤立存在的事。

世界上的事物千差万别,事物的联系也是多种多样的。联系的多样性主要表现形式有直接联系和间接联系、内部联系和外部联系、本质联系和非本质联系、必然联系和偶然联系等。联系的多样性要求我们注意分析和把握事物存在和发展的各种条件。我们在认识和改造世界的过程中,既要注重客观条件,又要恰当运用自身主观条件;既要把握事物的内部条件,又要关注事物的外部条件;既要认识事物的有利条件,又要重视事物的不利条件。总之,一切以时间、地点、条件为转移。据有关材料显示,一节一号电池烂在地里,能使 1 平方米的土壤失去耕种价值;一粒纽扣电池可以使 600 吨水受到污染,而这 600 吨水相当于一个人一生的饮水量。若将废旧电池混入生活垃圾一起填埋,或者随手丢弃,渗出的汞等重金属物质就会渗进土壤,污染地下水,进而影响到和人类息息相关的动物和植物,破坏人类的生存环境,并最终危及人类的健康。还有,一根钉子

MA KE SI ZHU YI ZHE XUE CHANG SHI

会不会导致一个国家的灭亡？在西方就有一首童谣："丢失一个钉子，坏了一只蹄铁；坏了一只蹄铁，折了一匹战马；折了一匹战马，伤了一位骑士；伤了一位骑士，输了一场战斗；输了一场战斗，亡了一个帝国。"这足以说明普遍联系观点的重要意义。这就要求人们想问题、办事情时必须坚持联系的观点，同时要对事物的联系进行具体分析把握。反对否认或无视联系的客观性，割裂事物之间的联系，反对用孤立的观点来看问题。

（二）士别三日，刮目相看——发展观

《三国演义》里有一个有趣的故事，讲的是：吴国的大将吕蒙，十几岁就从军打仗，由于英勇善战，屡建战功，30多岁就升为中郎将。但他文化水平很低，常常闹出"张冠李戴"式的笑话。每逢给孙权上书，只能口述，让别人代笔。这样，有时难免词不达意，弄得孙权哭笑不得。所以，吴主孙权劝吕蒙抓紧时间读书，并用自己和别人

的体会予以开导，批评他不应强调军务繁忙而不求进步。吕蒙接受了孙权的教诲，开始发愤读书并且进步很快，后来，终于通今博古、满腹经纶，达到了相当高的文化水平。

后来，吴国军事统帅周瑜病死，鲁肃为吴国都督。鲁肃最初瞧不起吕蒙，认为他只是一员文盲武将。有一次，鲁肃路过吕蒙驻防的地方，来看望吕蒙，还想故意为难他，提出了许多战略上的问题。他原以为吕蒙一定是一问三不知。但出人意料的是，吕蒙有问必答，且对答如流，特别是如何对付蜀国大将关羽，吕蒙讲了五条应敌之策，讲得很有见地，令鲁肃叹为折服。鲁肃发现吕蒙成了一个文武双全的人，大为惊喜，他拍着吕蒙的肩膀说："我原来认为你只有武略，是个粗莽武夫，今天同你谈话，才知道你是一个有学问有见识的人，你已经不是当年的吴下阿蒙了！"吕蒙听了也幽默地回答说："士别三日，即应刮目相看。"

人是不断变化的，有的人进步很快，因此不能凭老印象，而应用发展的眼光去对待。发展是前进的运动，是一个过程。发展实质是新事物的产生与旧事物的灭亡。

（三）自相矛盾——谈矛盾观

楚国有个既卖矛又卖盾的人。他称赞自己的盾，说："我的盾是世界上最坚固的盾。"路人问："坚固到什么地步呢？"他说："它很坚固，任何武器都刺不破它。"他又称赞自己的矛，说："我的矛是世界上最锐利的矛。"路人问："锐利到什么地步呢？"他说："它很锐利，能穿透任何东西。"有人质问他："拿你的矛去刺你的盾，会怎么样？"那人一听，脸涨得通红，再也答不上话来了。韩非子讲的《自相矛盾》故事中的"矛盾"指的是形式逻辑上讲的矛盾，属于形式逻辑的范畴。一个人在同一判断中，对同一问题，是不能做出截然相反的判断来的。若是这样做了，那就是犯了逻辑上的错误。而马克思主义哲学上的矛盾概念，其意是指事物自身包含的既对立又统一的关系。简言之，矛盾就是对立统一的，它属于哲学的范畴。所谓对立，是指矛盾双方相互排斥、互相斗争。所谓统一是指如下两种情形：第一，矛盾双方在一定条件下相互依存，一方的存在以另一方的存在为前提，双方共处于一个统一体中。第二，矛盾着的双方，依据一定的条件，各向自己相反的方向转化。例如，战争与和平是两种相反的社会状况和行为，二者之间是相互对立的，然而，没有战争也就没有和平，反之亦然，因二者是相互依存、不可分割的。在哲学上，就把像战争与和平之间的这种既对立又统一的关系叫作矛盾。其他现象如生与死、进攻与防御、物质文明与精神文明、工业与农业、农村与城市、科学与道德、生产力与生产关系等，都具有既对立又统一的关系。要注意的是矛盾不仅指事物之间的对立统一关系，更是指事物内部的对立统一关系。例如生与死等是矛盾统一体的双方，生命本身包含着死亡，生与死是贯穿生命始终的一对基本矛盾。

矛盾是事物存在的普遍形式，任何事物都存在矛盾，不管是物质的客观世界，或是思维的主观世界，都有矛盾问题。有矛盾不见得是坏事，有矛盾才有事物的进步与发展，关键是我们要认识矛盾，分析矛盾，研究矛盾，解决矛盾。只有这样才能让事物得到发展。

（四）阿凡提染布
——矛盾的普遍性和特殊性

阿凡提开了一个染坊，给乡亲们染布。巴依见大家都夸阿凡提的布染得好，十分妒忌，想要刁难他一下。一天，巴依挟着一匹布，来找阿凡提："听说你的布染得好，能不能给我染一染？""你要什么颜色？"阿凡提问道。"我要染这样一种颜色，它不是红的，不是绿的，不是黄的，也不是蓝的，不是紫的，不是黑的，连白的也不是……不知道这种颜色你能不能染？"巴依扬扬自得地说道。"当然能染，染完后保你满意。""什么？你能染？那好。我取布的日期是哪一天呢？""日期嘛！"阿凡提微微一笑，顺手把布扔到柜里："不是礼拜一，不是礼拜二，不是礼拜三，不是礼拜……更不是礼拜日。我的巴依，到了那一天，你就来取吧！"

　　这个故事运用的就是矛盾的普遍性和特殊性关系原理。矛盾的普遍性指矛盾存在于一切事物中，存在于一切事物发展过程的始终，即矛盾无所不在，无时不有，是事物的共性，它是无条件的，绝对的。矛盾的普遍性可以概括事事有矛盾、时时有矛盾。

　　自然界、人类社会和人的思维领域都存在矛盾，整个世界充满矛盾，没有矛盾就没有世界。旧的矛盾解决，新的矛盾产生。承认矛盾的普遍性是坚持唯物辩证法的前提。我们要承认矛盾，分析矛盾，敢于揭露矛盾，积极寻找正确的方法解决矛盾；还要善于全面分析矛盾，坚持两分法，防止片面性。比如人有悲欢离合，月有阴晴圆缺，此事古难全，就体现于矛盾普遍性。矛盾不仅具有普遍性，而且具有特殊性。矛盾特殊性指矛盾着的事物及其各个方面都有其特点，是事物的个性，它是有条件的，暂时的，因而是相对的。莱布尼兹说，世界上绝没有两片完全相同的树叶。还有列夫·托尔斯泰的小说《安娜·卡列尼娜》中第一句话——幸福的家庭都是相似的，不幸的家庭各有各的不幸。这是矛盾的特殊性的体现。

矛盾的特殊性原理的方法论意义要求我们具体问题具体分析。具体问题具体分析是在矛盾普遍性原理的指导下，具体分析矛盾的特殊性，并找出解决矛盾的正确方法。具体问题具体分析是马克思主义的一个重要原则，是马克思主义的活的灵魂。具体问题具体分析是我们正确认识事物的基础，也是我们正确解决矛盾的关键。事物的矛盾各不相同，决定了解决矛盾的方法不可能千篇一律。

矛盾的普遍性和特殊性又是辩证的统一。普遍性寓于特殊性之中，并通过特殊性表现出来，没有特殊性就没有普遍性。巴依为了为难阿凡提，有意将颜色（普遍性）与具体的红、绿、黄、蓝、紫、黑、白（特殊性）割裂，须知这种离开具体的抽象颜色是染不出来的。阿凡提以其人之道，还治其人之身，以割裂日期的普遍性与特殊性的方法白白地扣下了一匹布。巴依搬起石头砸了自己的脚。

大家都知道白马非马论。出自《公孙龙子·白马论》，是中国古代伟大的逻辑学家公孙龙（约公元前320～前250年）提出的诡辩论的命题。

"白马非马"的命题错在何处呢？从根本上说是割裂了一般和个别、共性和个性的关系，是主观任意地混淆和玩弄概念的结果。"白马"和"马"这两个概念是有区别的，其区别就是"马"这一概念与"白马"这一概念内涵不同，它们的外延也不一样，"马"的外延比"白马"广，它包含了"白马"在内的所有的马。"马"是对所有的马如白马、黑马、黄马等一般性质或共性的概括；各种具体的马则是"马"的一种。它们一个是抽象的靠理性思维概括的，一个是具体的可以通过感性认识直接感知的。"白马"与"马"又是相互联系的，一般的"马"只能通过具体个别的马而存在，离开了具体个别的马是找不到一个抽象的"马"的；具体个别的马又都属于一类，有其共有的一般性质不存在不表现共性的具体颜色的马。公孙龙在哲学史上看到了"马"和"白马"的区别，就这一点说，他的命题具有合理的因素。但是，他否认"马"和"白马"的一般和个别、共性与个性的辩证关系则是形而上学的。特别是他从根本上否认"白马"是"马"，也就违背了客观实际，从而导致了主观任意地玩弄概念的诡辩论。

矛盾普遍性与特殊性辩证关系原理的意义。

第一，矛盾的共性和个性、绝对和相对的道理是事物矛盾问题的精髓，不懂得这个道理，就等于抛弃了辩证法。

第二，矛盾普遍性和特殊性相结合的原理为人们正确认识事物的矛盾提供了根本的方法（人的认识的一般规律就是由认识个别上升到认识一般，再由一般到个别的辩证发展过程）。

第三，矛盾普遍性和特殊性的辩证关系原理，是坚持马克思主义普遍原理同各国具体实践相结合原则的哲学基础，是反对教条主义和经验主义的锐利武器。

第四，矛盾普遍性和特殊性关系原理为我们提供了科学的领导方法和工作方法。在实际工作中常运用"一般号召与个别指导相结合"的科学方法。

（五）眉毛胡子一把抓
——主要矛盾和次要矛盾

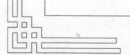

现实事物总是多种矛盾的统一体。在复杂事

物自身包含的多种矛盾中，每种矛盾所处的地位、对事物发展所起的作用是不同的，总有主次、重要非重要之分，其中有一种矛盾与其他诸种矛盾相比较而言，处于支配地位，对事物发展起决定作用，这种矛盾就叫作主要矛盾，而其他诸种矛盾与主要矛盾相比较，则叫作次要矛盾，即在复杂事物发展过程中，处于从属地位，对事物发展不起决定作用的矛盾（并非不起作用）。由于主次矛盾是依据二者地位、作用的不平衡来划分的，因而最主要、起决定作用的矛盾，即主要矛盾只有一个，而次要矛盾则有一个或多个，主要矛盾与次要矛盾共存于复杂事物这个矛盾体当中，影响着复杂事物的发展变化。这里谈的主次矛盾是就复杂事物而言的，因为复杂事物包含着多种矛盾，既包含了内部的矛盾，也包含了它与周围事物之间的矛盾，众多的矛盾相比较才有不平衡性问题，才有主次矛盾而言，而简单事物本身只包含了一对矛盾，无所谓主次，也无所谓主次矛盾的问题了。

　　主次矛盾是相比较而言、相对应而存在的，二者共存于复杂事物这个矛盾统一体中，而且双方所处的地位、对事物发展所起的作用又是不同的，因而，主次矛盾是对立统一的，二者是矛盾统一的双方，那么二者的辩证关系即为矛盾双方的辩证关系；二者相互联系、相互依赖、相互影响，虽然主要矛盾处于支配地位，起决定作用，但如果次要矛盾解决不好，也会影响主要矛盾的解决，也会影响事物的发展；随着客观条件的变化，出现了新的条件，那么主次矛盾也会发生相互转化，或者说主要矛盾解决了，那么原来处于次要地位的矛盾会突出出来，成为主要矛盾，即主次矛盾的地位和作用不是一成不变的，二者在一定条件下可发生转化。

由主次矛盾的辩证关系原理，可以得出相应的方法论。既然主要矛盾处于主导地位，对事物发展起决定作用，那么就要抓住、解决主要矛盾，即要善于抓重点（中心、关键），集中力量解决主要矛盾。比如牵牛要牵牛鼻子，好钢用在刀刃上，力气要用在节骨眼上。挽弓当挽强，用箭当用长；射人先射马，擒贼先擒王。次要矛盾虽然对事物发展不起决定作用，但不是不起作用，它对主要矛盾的解决起一定的影响作用，比如红花还要绿叶扶，一个好汉三个帮。次要矛盾解决好为主要矛盾的解决创造条件。并且主次矛盾在一定条件下还可以相互转化，因此次要矛盾也不可忽视，在处理主要矛盾时要统筹兼顾，恰当地处理次要矛盾，防止主次不分，"眉毛胡子一把抓"的均衡论和不顾次要矛盾的一点论。

在我们党的基本路线中，以经济建设为中心体现了抓重点，集中力量解决主要矛盾的方法论原则。在社会主义建设时期，国内存在很多矛盾，如地方与中央的矛盾、沿海与内陆的矛盾、积累和消费的矛盾等。众多的矛盾中，只有人民日益增长的物质文化需要同落后的社会生产之间的矛盾才是主要矛盾，而其他矛盾则属于次要矛盾。因此，为了解决主要矛盾，必须发展经济，以经济建设为中心，这样才能带动其他矛盾的解决。但是在抓经济建设的同时，又要注意民主法制等各方面建设，不能忽视次要矛盾对主要矛盾的影响。

（六）两利相权取其重，两弊相衡取其轻
——矛盾的主要方面和次要方面

赵国有个人为鼠所害——粮食、衣服、器物、家具均受损，只好到中山国要猫。中山国人给他一只猫。这只猫很会捕鼠，也很会捕鸡。过了一个多月，家中的老鼠没有了，鸡也没有了。他儿子对他说："何不把猫送走呢？"他说："绝不能把猫送走！"儿子百思不得其解，赵国人说："傻小子，这里面的道理不是你所能知道的……"

这个故事在于说明矛盾的主要方面和次要方面问题。

每个矛盾的双方的地位和作用也是不平衡的。居于支配地位、起主导作用的方面是矛盾的主要方面，处于被支配地位、不起主导作用的方面是矛盾的次要方面。二者的地位、作用不同，事物的性质主要由矛盾的主要方面所规定。复杂事物包含着诸多矛盾，其中有一个矛盾是主要的，即主要矛盾处于主导地位，那么事物的性质就应该

由该矛盾所规定，确切地说主要是由主要矛盾的主要方面所规定，矛盾的次要方面或者次要矛盾对事物性质不起决定作用，但不是不起作用。

矛盾主次方面相互依赖，"主要"与"次要"，力量的"平衡"与"不平衡"，都是相比较而言的，没有矛盾的次要方面，矛盾的主要方面也就不存在了，反之亦然。在矛盾主次方面的共同作用下，才使事物表现出性质特征，在这里，矛盾次要方面的作用不可忽视，它只是在规定事物性质中不起主要作用，并不是不起任何作用。另外，既然矛盾主次方面力量不平衡，那么一旦出现新的条件，二者就可能发生转变，这时事物的性质就主要由原先处于被支配地位的矛盾的次要方面决定了。

在谈到党风和廉政建设时，江泽民指出，在这个问题上要讲两句话，一句话是我们党的路线是正确的，党的主流是好的，大多数党员和干部是廉洁奉公的。另一句话是，在党内，在国家机关中确实存在腐败现象，有些方面还在滋生和蔓延。如何看待这个问题？

党的路线是正确的，大多数党员和干部是廉

洁奉公的。这是主流，是矛盾的主要方面。由于事物的性质主要是由矛盾的主要方面决定，所以相信我们党通过自身建设，一定会战胜困难，使党逐步走向成熟。但是，不可否认，党内也存在着腐败现象。腐败现象虽然是支流，是矛盾的次要方面。但是如果忽视，也会影响党的整个肌体，所以必须把反腐败斗争作为一项重大政治任务抓好，不能任其蔓延。

我们要分清主流和支流，认清形势，坚信党的主流是好的，同时，对党内存在的腐败现象也不能忽视。

矛盾的主要和次要方面要求我们看问题时既要全面，又要善于分清主流和支流（全面的、一分为二的观点）。对待人才不能求全责备，"金无足赤，人无完人"，不能忽视矛盾的次要方面，要做到防微杜渐、"勿以善小而不为，勿以恶小而为之"。

一位哲人说过：人在饥饿的时候只有一个烦恼，吃饱以后就会生出无数烦恼。前者是生存的烦恼，后者是发展的烦恼。

（七）"跬步"与"千里"、
"小流"与"江海"——量变和质变

《荀子·劝学》中"不积跬步，无以至千里，不积小流，无以成江海"，这些名言告诉我们一个什么道理呢？"跬步"与"千里"、"小流"与"江海"相比，前者无疑是很小的、不显著的变化；后者则是巨大的、显著的变化。由"跬步"的积累到"千里"的巨变，由"小流"的积聚到"江海"的巨变，这是事物性质的根本变化。可见，任何事物的运动变化，总是先以微小的、不显著的变化开始，经过逐步积累而达到显著的、根本性质的变化。在哲学上，就把事物这种逐渐的、不显著的变化叫作量变；而把事物显著的、根本性质的变化叫作质变。

量变就是一点一滴的积累变化、本身没有变化、它还是它自身，比如，把一根木头削成各种各样的形状，如果把木头做个木剑什么的，它虽然变化成其他东西，但它依旧还是木头。质变、就是一个东西发生了飞跃形成另一种状态，比如，把液态水加热 100°变成气态水。

还有大家听过《饥汉吃饼》的故事：古时候有一个行路人，肚子饿极了就买了一个烧饼吃，吃后觉得不顶事，就又买了一个吃，但肚子还是饿。于是再买再吃，一连吃了 6 个。感觉还不多饱，又买了一个，但这个烧饼只吃了一半就很饱了。这时他十分懊恼，狠狠地打了自己一个耳光，并自责道："我是多么不会过日子的人呀！先前 6 个烧饼都被我白白地浪费啦！早知道这半个烧饼就能吃饱，我为什么要吃前 6 个呢？"听了这个故事后，大家想想：这个饥汉的可笑之处何在呢？饥汉不懂得量变和质变的关系原理。饥汉由饿到饱是量变和质变的统一。饥汉的变化首先是从量变开始的，是经过量的积累而达到质变的。量变是质变的前提和必要准备，质变是量变的必然结果。饥汉没有吃了一个又一个的量变，就不会发生吃第 7 个时的质变。质变是量变的结果。可见，一切事物的变化发展，首先都是从量变开始的，没有量变做准备，就不会有质变发生，量变是质变的前提和必要准备；事物的量变达到一定程度时，必然会引起质变，质变是量变的必然结果。事物经历一次量变到质变的过程，是不是事物变化发展就终结了？不是的，一次量变到质变的过程，并不等于事物发展变化的终结，而是新的事物又开始了新的量变。新的事物量变到一定程度时，又会引起新的质变，事物就是不断地经过"量变—质变—新的量变—新的质变……"的不断循环往复，由低级到高级，由简单到复杂，永不停息地向前发展的。

"不积跬步，无以至千里，不积小流，无以成江海"这句话对求学路上的我们，有很大的启示。人的知识学习经过了小学、中学、高中、大学阶段，每完成一个阶段的学习，都发生部分质变。

我们要积极做好量的积累；要果断抓住时机，促成质变，实现事物的飞跃和发展；要坚持适度原则。反对"激变论"和"庸俗进化论"。

（八）山重水复疑无路，柳暗花明又一村
——事物发展的前进性与曲折性相统一

我们已经知道，发展的实质是新事物的产生，

旧事物的灭亡，即新事物代替旧事物。新事物，是指符合客观规律，具有强大生命力和远大发展前途的东西。相反，那些同客观规律背道而驰、正在日趋灭亡的东西，则是旧事物。唐朝著名诗人白居易的诗句"离离原上草，一岁一枯荣。野火烧不尽，春风吹又生"印证了新生事物不可战胜这个颠扑不灭的真理。

那么，新事物为什么必定能够战胜旧事物呢？第一，因为新事物符合客观规律，代表了事物的发展方向，因而具有强大的生命力和广阔的发展前途，没有什么力量能够阻止它的成长壮大。第二，因为新事物具有旧事物无可比拟的优越性。新事物是在旧事物的基础上产生的，它抛弃了旧事物中消极的、过时的、腐朽的东西，吸取和发扬了旧事物中积极的、合理的因素，并增添了旧事物根本没有的富有生命力的新内容。因而，它比旧事物具有更大的优越性。第三，在社会领域里，还因为新事物从根本上符合绝大多数人民群众的利益，因而必然会得到广大人民群众的拥护和支持。像我国的改革开放事业，家庭联产承包责任制、乡镇企业、经济特区、"费改税"等措施和政策都是因为顺乎民心，合乎民意，所以得到人民群众的支持和拥护，从而战胜传统的观念和做法。

所以，新事物必定能够战胜旧事物，事物发展的总趋势是前进的，新事物的发展前途是光明的。

新事物必定战胜旧事物，新事物的发展前途是光明的，但这绝不是说新事物的成长是直线上升，一帆风顺的。相反，它的成长壮大一般都要经历艰难曲折的过程。这是因为：

第一，新事物成长总要经历一个由小到大、由不完善到比较完善的过程。它在最初出现的时候不可能完全具备并充分显示和发挥其优越性，难免有这样那样的缺陷，因而总是比较弱小，处于被支配的地位。而与其相对应的旧事物则往往比较强大，处于支配地位，显得合乎"常规"。

第二，旧事物绝不会自行消亡，为了维护其自身的地位，它总是竭力扼杀和摧残新事物，阻止新事物成长壮大。这在社会历史领域中表现尤为明显。因此新事物战胜旧事物，必然要经过反复的较量和斗争。即使新事物通过斗争已经取得了胜利，旧事物也不会甘心自己的失败，新旧事物之间的斗争仍然存在。在某种条件下，旧事物还有可能重新压倒新事物，发生暂时的复辟和倒退。

第三，在社会历史领域中，人民群众对新事物的认识理解和接受，需要有一个过程，他们只有从切身体验中认识到新事物的优越性及其与自己利益的一致性的时候，才会积极拥护和支持新事物。

总之，事物发展的总趋势是前进的，而发展的道路则是迂回曲折的。任何事物的发展都是前进性和曲折性的统一。前途是光明的，道路是曲折的，在前进中有曲折，在曲折中向前进，是一切新事物发展的途径。我们既要看到前途是光明的，对未来充满信心，积极鼓励、热情支持和细心保护新事物，又要做好充分的思想准备，不断克服困难，勇敢面对挫折与考验。

任何事物的发展都是前进性和曲折性的统一。青少年要树立崇高理想和价值观，面对困难拥有自信和勇气，相信前途是光明的，正确对待人生道路上的曲折。使我们认识到：在人生道路上，需要具备坚忍不拔的意志和不屈不挠的精神，任何企求不经过艰苦努力，一味靠侥幸获得成功，这只能是蠢人的妄想。我们在遇到挫折时，要处变不惊，在困难和挫折面前，要坚信光明的前途，不悲观，不动摇，这样才能满怀信心地战胜困难和挫折，向着正确的人生目标迈进。

（九）近朱者赤，近墨者黑
——内因和外因

唯物辩证法认为：事物的发展是内因和外因共同起作用的结果，矛盾是事物发展的动力。事物的内部矛盾即内因，是事物变化发展的根本原因；事物的外部矛盾即外因，是事物变化发展的条件，外因通过内因起作用。在观察事物、分析问题时，既要看到内因，又要看到外因，坚持内外因相结合的观点。

事物的发展二者缺一不可，一个人是不是健康成长，过的是不是幸福快乐，起决定作用的是他自己，因为内因是事物变化发展的根本原因，它决定事物发展的性质和方向。但是同样也会受到其他外界因素的影响，也与学校家庭社会分不开，所谓近朱者赤，近墨者黑就是这个道理。

孟子小的时候善于模仿，刚开始的时候住在墓地旁边。孟子就和邻居的小孩一起学着大人跪拜、哭号的样子，玩起办理丧事的游戏。孟子的妈妈看到了，就皱起眉头："不行！我不能让我的孩子住在这里了！"孟子的妈妈就带着孟子搬到市集，靠近杀猪宰羊的地方去住。到了市集，孟子又和邻居的小孩，学起商人做生意和屠宰猪羊的事。孟子的妈妈知道了，又皱皱眉头说："这个地方也不适合我的孩子居住！"于是，他们又搬家了。这一次，他们搬到了学校附近。每月夏历初一这个时候，官员到文庙，行礼跪拜，互相礼貌相待，孟子见了之后都学习记住。孟子的妈妈很满意地点着头说："这才是我儿子应该住的地方呀！"孟母三迁的故事告诉我们环境对于一个孩子成长的重要性。这些都说明外因虽然对事物的发展不能起决定作用，但也会影响事物的发展。

在个人成长过程中，如何学会正确地对待内因和外因？

　　个人的成长首先要靠自己的主观努力，这是内因。内因主要是指本人主观能动性的发挥，具体表现在理想、志向、进取精神、意志、毅力、勤奋，以及战胜困难、挫折、逆境的勇气等。一个人的进步快慢和程度主要取决于本人的主观努力。在相同的条件下，个人主观努力的程度不同，所取得的成绩和做出的贡献就会有很大的差别。因此，只能充分发挥自己的主观能动性，即内在动力，才能不断进步，取得更大的成绩。所以，我们必须充分重视内因。生活中也确实有这样一些强者，他们把握住了某一稍纵即逝的机会，或者说是"机遇"，从而取得了事业上的成功。机遇毕竟只是事物发展的外因，它在事物发展中不起支配和主导作用。主观努力才是内因，只有通过长期的主观努力，才能具备善于捕捉和利用机遇的能力。机遇的出现对于我们任何一个人来讲都是非常公正的，关键是我们能不能把握住。

　　在牛顿之前不知有多少人看见苹果落地，却没有发现万有引力定律；鲁班之前不知有多少人被草割破了手指却没有发明锯子。正像法国生物学家巴斯德说的，"机遇只偏爱那些有准备的头脑"。我们要通过自己的主观努力，把握住一切机会，以取得学习和事业的成功。

在人的成长过程中会遇到顺境和逆境，人们如何正确对待顺境和逆境？人生道路上，顺利的境遇能为个人成长提供良好的条件，逆境会给个人成长带来不利的影响。能不能把自己的成功和失败都归结为顺境和逆境的作用、影响呢？顺境、逆境都是外因。把自己的成功和失败都归结为顺境和逆境的作用属于外因论。外因论完全到事物的外部去找原因，是错误的。无论顺境或逆境，都只是一种外因，必须通过内因才能起作用。因此当身处顺境时，我们应头脑清醒，抓住有利时机争取早日成才。遇到逆境时，我们也绝不能悲观、消沉，而要以坚强的毅力，去迎接各种困难的挑战，并学会扬长避短，变不利为有利，坚定地走向成功的未来。但是，外因在个人成长过程中是不是就不重要，可以忽视呢？也不能忽视外因的作用。

据说古代有一个人，他不知道鸭蛋从何而来，别人告诉他说是鸭子生下来的。某一天，他吃到咸鸭蛋，便赶快向人说："你知道咸鸭蛋是什么生的吗？我告诉你，那是咸鸭子生的。"这个人的思想方法有什么问题？

从思想方法上说，这个人完全不考虑外因，不能理解鸭蛋可以由于外部矛盾的作用而变为咸鸭蛋，他单纯地从鸭蛋的内因去考虑，所以认为咸鸭蛋是咸鸭子生的，闹出了笑话。

因此，我们绝不能忽视外因的作用。外因是事物发展的条件，外部环境对个人的成长也起着非常重要的作用。"近朱者赤，近墨者黑"这一成语包含了什么哲学寓意？"近朱者赤，近墨者黑"，说的是外部环境对个人的成长有着重要的影响。我们必须对周围的环境作"一分为二"的分析，看到对我们成长的有利因素，并充分发挥这种因素对我们成长的促进作用，力争做到"近朱者赤"，以便早日成才；又要看到对我们成长的不利东西，并尽量抵制、削弱其不良影响，努力做到"近墨者未必黑"。

我们看待任何事物，都要把内因和外因结合起来。在个人成长过程中，要学会正确地对待内因和外因，在建设中国特色社会主义的现代化建设过程中，也必须把内因和外因结合起来。

一个非常重要的问题，就是正确处理独立自主、自力更生和对外开放的关系。一方面，深化改革，坚持独立自主、自力更生。我国社会主义现代化事业的发展过程中，也必须首先充分重视内因。这个内因就是始终把立足点放在我们自己力量的基点上，依靠我国各族人民在共产党领导下团结奋斗，艰苦创业，必须坚持独立自主、自力更生的原则。如果我们自己不努力奋斗，再好的机遇、再有利的国际环境也是会白白错过的，那么社会主义现代化的宏伟目标就只能成为一种美好愿望。另一方面，扩大对外开放。我国的社会主义现代化目标的实现主要靠我国人民自己的团结奋斗，艰苦创业，这是决定我国社会主义现代化能否实现的关键所在。但是，事物是普遍联系的，我国的社会主义现代化建设也不可能孤立于世界之外。当今的世界是一个开放的世界，世界的经济发展离不开中国，中国的经济发展也离不开世界。不能把自力更生理解为闭关锁国，经验证明，关起门来搞建设是不行的。我们必须吸收和借鉴世界各国的先进科学技术、先进的经营方式、管理方法，利用国外的资金、资源、人才等为我国的社会主义现代化建设服务，因此，对外开放是我国的一项基本国策。对外开放的目的是增强我国自力更生的能力和在国际社会中的竞争能力，加速我国现代化建设的进程。当然，在实行对外开放中还要抵制资本主义的腐朽的思想文化、生活方式等有害的东西的侵蚀。

邓小平在谈到对外开放时，总是强调"坚持自力更生为主，争取外援为辅"，强调"要继续在独立自主、自力更生的前提下，执行一系列已定的对外开放的经济政策"。上述论断深刻地揭示了坚持自力更生与实行对外开放的辩证统一关系。自力更生和对外开放是相辅相成、相互促进的辩证关系，二者必须有机地结合起来。首先，自力更生是发展经济的立足点，是实行对外开放的基础和前提。其次，应该清醒地看到，"从发达国家取得资金和先进技术不是容易的事情。有那么一些人还是老殖民主义者的头脑，他们企图卡住我们穷国的脖子，不愿意我们穷国得到发展。所以，我们一方面实行对外开放政策，另一方面必须在自力更生的基础上争取外援"。

（十）走出困境的点金术

1. 买椟还珠——现象和本质

春秋时代，楚国有一个商人，专门卖珠宝。有一次他到齐国去兜售珠宝，为了招揽顾客，使珠宝能畅销起来，他特地用名贵的木料，做成了许多小盒子，并把盒子雕刻装饰得非常精致美观，名贵的木料做成的盒子会发出一种香味，然后把珠宝装在盒子里面。有一个郑国人，看见装珠宝的盒子这么漂亮，问明了价钱后，就买了一个，打开盒子，把里面的宝物拿了出来，退还给珠宝商，自己把盒子抱走了。这个故事说明有些人只注重事物的外部现象，不看重其内在的本质。

世界上任何事物都有自己的现象和本质，是现象和本质的统一体。事物的现象和本质是对立统一的辩证关系。现象是事物的表面特征和外部联系，是事物个别多变的东西，可以由人的感觉器官直接感知。本质则是事物的根本性质，是同类现象中一般的东西，是事物相对稳定的内部联系，只能由人的理性思维去把握。

有人会问，秋天来到了，"我看到了苹果落地，怎么没看到万有引力"？"苹果落地"是现象，可以通过我们的眼睛观察到。"万有引力"是本质，只能由人的理性思维去把握。

现象和本质是统一的。两者紧密相连，任何现象都是本质的表现，本质总要表现为现象。现象尽管多种多样、纷繁复杂，但都是由本质决定的，都是本质的外部表现。比如，我们说班里哪个同学品质不错，往往是通过他的言谈举止表现得出结论的。同样道理，一个人的每一个言行都从不同方面、不同程度上表现了他的品质。

大家都知道有这样一句话，耳听为虚，眼见为实。亲眼所见的现象是不是真实可靠的？为什么？不一定。因为现象包括真相和假象。真相是从正面直接表现本质的现象。假象是从反面歪曲地表现本质的现象。它们都是对事物本质的表现，都是客观的。不能把真相当做正确的来认识，也不能把假象当做错误的来认识。"声东击西"是说事物的现象有真假之别，"声东"是假象，"击西"是真相，其本质是迷惑敌人，保存自己。又如，"欲擒故纵"，"围魏救赵"，"项庄舞剑"，"明修栈道，暗度陈仓"，"不识庐山真面目，只缘身在此山中"等，亦同属此理。

现象和本质的对立，说明了科学研究的必要性。它告诉我们对事物的认识不能停留在表面现象上，认识了事物的现象不等于认识了事物的本质。太阳每天从东方升起，又从西方落下。这种现象似乎告诉人们太阳在绕着地球转。现象和本质的统一，说明了科学研究的可能性，表明我们可以通过分析事物的现象达到对事物本质的认识。公元 2 世纪，天文学家托勒密主张地心说，认为地球是宇宙的中心，太阳、月亮以及其他天体，都在绕着地球转动。这种错误的宇宙观在欧洲统治了 1000 多年，直到后来经过波兰天文学家哥白尼长期观测、研究，写出了《天体运行论》，才第一次透过现象，正确地揭示了地球和其他行星围绕太阳旋转的本质和规律。

在现实生活中，面对同样的问题，有人只能看到一些现象却不会把握其实质。而人的认识能

MA KE SI ZHU YI ZHE XUE CHANG SHI

力的高低，直接影响到人们能否科学地认识事物、正确地解决问题。那么，我们如何才能努力做到透过现象把握本质呢？第一，要深入实际，反复实践，全面把握事物的各种现象。现象是入门的先导，认识事物只能从认识它的现象开始。要做到透过现象认识本质，就必须全面地占有丰富的、大量的感性材料，综合事物的各种现象，不能道听途说，不能仅仅看到一些局部的、个别的现象，就轻率地对事物的本质下结论，更不能被事物的假象所蒙蔽。第二，要充分发挥主观能动性，运用科学思维方法，对大量的现象以及它们之间的相互关系进行科学的分析和研究，做到"去粗取精、去伪存真、由此及彼、由表及里"。只有做到以上两点，才能达到对事物本质的认识。

2. 熟能生巧、摩擦生热——原因和结果

原因和结果的联系是事物或现象之间引起和被引起的联系。引起一定现象的现象是原因，由原因引起的现象是结果。

原因和结果之间的关系是辩证关系。原因和结果既相互对立，又相互依赖、相互转化、相互

作用。

第一，原因和结果的对立。在一个具体的因果联系中，原因就是原因，结果就是结果，二者不能混淆和颠倒。如果"倒因为果"或者"倒果为因"，就会歪曲事实，得出荒谬的结论。例如，摩擦生热，绝不是"热生摩擦"。侵略者的侵略引起被侵略国家人民的反抗。侵略是原因，反抗是结果。如果颠倒因果，把被侵略国家人民的反抗说成原因，把侵略者的侵略说成结果，就歪曲了战争的事实，就是十分荒谬的强盗逻辑。

第二，原因和结果的相互依存。原因和结果是相对成立的。原因相对于它所引起的结果，才是原因，同样，结果只有相对于引起它的原因，才成为结果。任何原因都必然引起一定的结果，没有"无果之因"。例如，"读书破万卷，下笔如有神"、"多一份耕耘，就多一份收获"、"多一份劳动，就多一份果实"、"违背规律，必遭惩罚"、"多行不义必自毙"都从正反两个方面说明了原因必然引起结果的道理。任何结果都是由一定的原因引起的，没有"无因之果"。

第三，原因和结果的相互转化。在一个具体

的因果联系中，原因和结果是严格区别的。但是，在事物因果联系的长链中，一种现象在一种联系中是原因，在另一种联系中则是结果，反过来也是一样。例如，在摩擦生热、热引起燃烧、燃烧引起爆炸的因果链条中，热是摩擦的结果，又是燃烧的原因；燃烧是热的结果，又是爆炸的原因。

第四，原因和结果的相互作用。在原因和结果的关系中，同一现象，在一种关系中是原因，在另一种关系中，又可以成为结果，反之，也是一样。在同一因果关系中，原因引起结果，结果又反作用于原因，构成互为因果的关系。例如，经济的增长推动了教育的发展，而教育的发展又反过来促进经济的增长。这是一种良性循环。反之，经济的落后导致了教育的不发展，而教育的不发展又导致经济的落后。这就是一种恶性循环。我们要坚定不移地实施科教兴国战略，使经济和教育的发展步入良性循环。因果联系具有复杂性和多样性的特点，一因多果，一果多因，多因多果。在多因中还有内因和外因，主要原因和次要原因，客观原因和主观原因等。多果中有主要结果和次要结果，积极结果和消极结果等。

正确认识和把握客观事物的因果联系是做好一切工作的重要条件。要重视研究事物发展中的因果联系。根据客观事物的发展规律，善于估计工作的后果。社会实践中要求以唯物辩证法为指导，实事求是地总结经验，具体分析工作成败的原因，不断增长才能，搞好工作。中央电视台《走近科学》2004 年 5 月 17 日上午报道"摇楼之谜"。讲的是上海一个居民小区三幢 11 层的楼房于 2003 年年底同时摇动。但春节时间不震动，春节后又震动了。居民恐慌，民警惊讶，开发商困惑。是什么力量推动三幢大楼摇动呢？后来地震局的专家带来仪器测量，研究了几个月时间，首先排除了地震，因为地震时间短，震动波也不固定，而楼房长时间有规律摇动。

为了找到楼房摇动原因，专家测量了周围500 米范围的震动波，没有发现异常。后来在距离大楼 800 米的一个石材厂附近发现震动波异常。于是推测震动源就在石材厂。石材厂有四台切割机在轰鸣。这四台切割机怎么能摇动如此距离的三幢大楼？后来通过测量大楼固有震动频率和切割机的振动频率，发现二者都是 $1.5\,\mathrm{Hz}$，正好是产生共振的条件。原来共振是大楼摇动的原因。

3. 种瓜得瓜，种豆得豆——必然性和偶然性

必然性和偶然性是揭示事物变化发展的确定趋势与不确定趋势之间关系的一对哲学范畴。必然性是指在事物联系和发展过程中合乎规律的、一定要发生的、确定不移的性质和趋势，偶然性则是指在事物联系和发展过程中可能发生的、不确定的性质和趋势。必然性和偶然性是对立统一的关系。二者是对立的，必然性是事物发展过程中确定不移的趋势，是由事物的根本矛盾决定的，体现事物发展的本质联系和发展趋势，对事物的发展起决定作用；而偶然性是在事物发展过程中不确定的趋势，是由事物的非根本矛盾和外部条件引起的，对事物的发展起加速或延缓作用，不起决定作用。二者是统一的，其表现是：第一，必然性总是通过大量的偶然性表现出来，由此为自己开辟道路，没有脱离偶然性和纯粹必然性；第二，偶然性是必然性的表现形式和必要补充，偶然性背后隐藏着必然性并受其制约，没有脱离必然性的纯粹偶然性；第三，必然性和偶然性可以在一定条件下互相转化。

　　必然性和偶然性辩证关系的原理，对指导科学研究和社会实践有重大意义。

　　任何一件历史事件的发生，都有一定的偶然性，但同时也是因为"天下大势"才导致了这个偶然的发生，这就叫作必然性，任何一个历史事件，都同时存在着偶然性与必然性。比如，赤壁之战。抛开演义，只说历史，赤壁之战是必然会发生的一次战役，因为当时的曹操刚灭了刘表，正想一鼓作气吞并江东，这一仗双方必然会发生。而《三国志·周瑜传》里面，很清楚地说明这样一个很重要的因素——"时公军已有疾病"，也就是说，曹操的军队已经感染了传染性很强的瘟疫，导致战斗力下降，这一点就是偶然性。客观来讲，这是导致曹操赤壁战败的重要因素，但无论曹操的军队有没有疾病，南方和北方的对抗也一定会发生，这就是必然。再比如说，鸿门宴上，项羽没有听范增的建议杀刘邦，看似一种偶然，但依照当时的局势、项羽刘邦二人的性格等种种因素来考虑，又何尝不是一种必然？马克思在他的一篇著作《路易·波拿巴的雾月18日》中，就曾说过的，路易波拿巴的政变，虽然是一种偶然，但却也正是由于当时欧洲的局势，才导致这个偶然一定会发生，成为必然。

古今中外，每一个历史事件都是偶然与必然并存，仅仅看个别的事例，会充满很多的偶然，这就叫作历史的偶然性，而任何事件的发生，都是因为当时的条件、局势导致的，这就叫作历史的必然性。

我们在实践活动中应当努力探索必然性，把握事物发展的总趋势，增强行动的自觉性。同时也不能忽视偶然性的作用，偶然性是科学发现的"机遇"，对科学发现有着重要作用，从偶然中发现必然是科学创新的必由之路。科学探索的任务就是通过反复试验揭示事物的发展规律，即通过大量偶然性发现必然性。如果没有偶然性就无法认识必然性，科学研究将无法进行。

既要反对夸大必然性否认偶然性的机械决定论的错误，又要反对夸大偶然性否认必然性的唯心主义非决定论的错误。

4. **眼往高山，脚踏实地——可能性和现实性**

可能性与现实性是反映事物过去、现在和将来的相互关系的一对范畴。现实性是指现实存在的事物和现象，是事物和现象的种种联系的综合。它是原因和结果、现象和本质、形式和内容、一般和个别、必然性和偶然性等的统一。

可能性是现实事物包含的预示事物发展前途的种种趋势。相对于现实性来说，可能性是潜在的尚未实现的东西。当某种事物或现象还没有成为现实之前，只是某种可能。可能的反面是不可能性。当我们说某一事物和现象不具备某种客观的依据和条件，因而是永远不能实现的东西，指的就是不可能性。

当然，不可能也不都是绝对的。有些在现有条件下不可能的东西在新的条件下会成为可能。所以不可能性有两种：一种是绝对不可能，它违背规律，永远不可能；另一种是相对的，是指条件尚不具备，只要为它的出现创造条件就会由不可能变为可能。

正确把握可能性，要区分以下四种情况：

第一，区分可能性和不可能性。可能性指在现实中有内在根据，在一定条件下能够变为现实的趋势。不可能性是指在现实事物中没有任何根据，在任何条件下都不能变成现实。如石头变鸡蛋、制造永动机等。

第二，区分现实可能性和抽象可能性。现实可能性是指在现实中有充分的根据和必要条件，在目前阶段就能够转化为现实的可能性。抽象可能性是指在现实中有一定根据但不充分，因而在当前条件下还不能转化为现实的可能性。区分抽象可能性和不可能性："大海捞针"与"水中捞月"。

第三，区分好的可能性和坏的可能性。可能不是单一的，有着各种可能，其中有着两种相反的可能，这就是好的可能和坏的可能，我们要争取好的可能，避免坏的可能。

第四，区分可能性程度的大小。或然率指标是某一事件出现的次数与所有可能出现的事件总次数的比率。

现实性和可能性是对立统一关系。现实性是现实存在的事物和现象，表示事物现在的状态，可能性是尚未变成现实的东西，表示事物未来的发展方向或趋势。区别的意义在于：我们的各项方针、政策、计划要建立在现实性基础上，而不能建立在可能性基础上。二者相互依存、相互转化。可能性包含于现实性之中，以现实性为根据，并在一定条件下可以转化为现实性；现实性是由可能性转化而来的，以可能性为前提，不可能的东西永远不会变为现实。世界各个事物就是在可能性和现实性的相互转化中实现发展的。

因此，把握这一对范畴的方法论意义，就要求人们立足现实，展望未来，注意分析事物发展的各种可能性，发挥主观能动性，做好不利的情况的准备，争取实现好的可能；同时又要未雨绸缪，防止坏的可能向现实的转化，并做好应付这种局面的充分准备。

5. 表里如一——内容和形式

内容与形式是揭示事物的内在要素同这些要素的结构和表现方式之间关系的一对范畴。内容是构成事物诸要素的总和，是事物存在的基础，而形式则是事物存在和表现的方式。内容是活跃的、易变的，形式则是相对稳定的。形式是指把内容诸要素统一起来的结构或表现内容的方式。

内容与形式的辩证关系相互依存，不可分割。形式和内容是不可分割的，没有无形式的内容，也没有无内容的形式。内容决定形式，形式反作用于内容，有两种基本情况：凡是适合内容的形式，对内容的发展起积极的推动作用；反之，就起消极的阻碍作用。我们既要重视内容，根据内容的需要对形式进行调整和改造，反对夸大形式的形式主义；也要善于运用形式，发挥其积极作用，反对否认形式作用的形式虚无主义。

四、怎样了解存在

（一）一部本草半世心
——实践是认识的来源

中国古代著名的医学家李时珍所撰写的《本草纲目》的故事，充分说明了辨证唯物主义认识论关于实践出真知的原理。打开《本草纲目》，王世贞撰写的序言会一下把人引入胜境："上自坟典，下及传奇，凡有相关，靡不备采，如入金谷之园，种色夺目；如登龙君之宫，藏悉陈；实理性之精微，格物之通典，帝王之秘录，医民之重宝，李君用心嘉惠何勤哉……"《本草纲目》浩浩52卷，是我国明代医药学家李时珍花费了27年时间才写成的科学巨著。在二十多年里，他不但阅读了八百多部书籍，积累了上千万字的札记材料，而且历尽千辛万苦，亲自采集药物标本，收集民间单方、验方。全书共收集药物1892种，药方一万一千多个。52卷的煌煌巨著，就是通过自己亲自实践和学习将这一种种药物，一个个药方积累起来。因此被后人尊称为"药神"。

辩证唯物主义认识论认为，实践是认识的来源，实践对认识具有决定作用。而人的认识是以客观事物为对象的，但只有那些被人的实践活动所指向的事物，才与人发生相互作用，才能成为人们的认识对象，而且人们也只有在实践中才能认识事物的本质和规律。单凭直观，人们在一定程度上也能认识事物，但只能认识事物的表面现象，却不能揭示事物的本质和规律。正如毛泽东在《实践论》中所说的那样，"你要有知识，你就得参加变革现实的实践。你要知道梨子的滋味，你就得变革梨子，亲口吃一吃"。你要知道原子的组织和性质，你就得实行物理学和化学的实验，变革原子的情况。你要知道革命的理论和方法，你就得参加革命。一切真知都是从直接经验发源的。任何知识都来源于实践，否认这一点就不是唯物论者，正如中国人常说的一句老话"不入虎穴，焉得虎子"，以及荀子的"不登高山，不知天之高也；不临深溪，不知地之厚"。也就是说，离开实践的认识是不可能发生的。我们的时间和精力都是有限的，不可能事事躬亲，事实上多数的知识是间接经验的东西，这是一切古代的和外域的知识。"所以，一个人的知识，不外直接经验和间接经验的两部分。"正如牛顿所言："假若我能比别人瞭望得略为远些，那是因为我站在巨人们的肩膀上。"但间接经验归根结底也是来源于他人或前人的实践。直接经验和间接经验是我们取得认识的两种途径，但所有认识归根结底都来源于实践。实践出真知，这是千百年来颠扑不破的真理，真正科学知识都是从实践中产生的。

人的认识，主要依赖于物质的生产活动，逐渐地了解自然现象，自然规律，自然性质，人和自然的关系，而且经过生产活动，也在不同程度上逐渐地认识了人和人的相互关系。这一切的知识离开实践是不可能得到的。人们在生产实践中，往往遇到挫折和失败，而我们也正是从这些挫折和失败中吸取经验和教训，从而迈向成功，探索出和自然规律及社会规律一致的科学知识。从而人们变失败为成功，从谬误走向真理，所谓失败是成功之母，吃一堑长一智就是这个道理。爱迪生发明电灯，就是先经过五万多次的失败才寻到钨丝这种原料；居里夫人从几万吨学泥青中才提炼到一克镭；李时珍行万里路，尝百草，终于写成了《本草纲目》的医学巨著；毛泽东从陈独秀的右倾投降主义和王明的"左"倾冒险主义中吸取经验和教训，又经过多次的实地战争，才创造出游击战、麻雀战、运动战等科学的战略战术，从而使中国的革命迈向成功。这些都论证了任何知识的来源，都于人的内在感官对客观外界的感觉，否认了这个感觉，否认了直接经历，否认了生产实践活动，他就不是唯物论者。陆游曾告诫子聿"纸上得来终觉浅，要知此事须躬行"，这就很好地解释了实践出真知这个真理。

实践出真知并不是指盲目的实践，而是要在

实践中加以分析、思考、归纳，从而上升到概念、判断、推理、逻辑的理性认识，最下终形成真正的知识系统。现实生活中许多人一生都在实践，可是他们并未掌握许多真正的科学知识，这就好像瞎子摸象，最后成了一个五不像。而且我们的实践活动也有待于深化，认识的感性阶段有待于发展到理性阶段。以为只有感性认识可靠，理性认识不可靠，这又将会犯经验论的错误。所以我们应该将丰富的大量的真实的感性材料，进行去粗取精、去伪存真，由此及彼，由表及里进行加工、改造，从而形成科学的理论体系。现实生活中许多人想获得真知，却又不去实践。一门心思地闭门造车，捧诗书阅之。他们信奉"秀才不出门，全知天下事"。结果不仅害了自己，也害了别人。有哪个游泳冠军是坐在家里读书读出来的？没有。他们纵然从游泳教材上领略到游泳知识，但同样不会游泳，只有自己下水去搏击风浪，才能领略其中的技巧，从而形成自己的技能。不然将导致悲剧，赵括就是因为纸上谈兵，而导致长平之战大败。所以我们一定要真正理解实践出真知的含义。

人的认识是通过生产实践、改造的实践和科学实验而获得的，离开了实践，认识就成了无源之水，无本之木。

（二）书到用时方恨少
——实践是认识发展的动力

书到用时方恨少。是说实践是认识发展的动力。人们到实践中才会发现自己的知识的不足，从而激励自身不断地追求知识，扩展视野，深化认识。正如恩格斯说的："社会一旦有技术上的需要，则这种需要就会比十所大学更能把科学推向前进。实践推动认识由低级到高级、由浅入深、由片面到更多方面的发展。主要表现在：第一，实践的发展不断地给认识提出新课题，规定了认识发展的方向，推动人们从事新的探索，形成新的理论。第二，社会实践的发展给解决新问题提供了必要的经验材料，使发展新的科学知识成为可能。任何认识问题的解决，都要依据大量的经验材料。第三，社会实践给人们认识事物不断提供日益完备的认识工具和技术手段，从而冲破了人的感官的局限，扩大了人类的认识领域，拓展了人类的认识视角，推动了人类认识的发展。射电望远镜使人们可以观察到 100 亿光年之遥的天体；人造资源卫星帮助人们弄清地球的资源分布；高速运算的电子计算机使人们对事物的认识更快更准；国际互联网的建成极大提高了人的认识能力。说明了实践的发展提供新的认识工具和技术手段，从而推动认识的发展。第四，社会实践不断锻炼和提高人们的思维能力。人们在改造客观世界的同时，也改造了自己的主观世界。社会实践水平越高，人们的认识能力就越强。比如近水知鱼性，近山识鸟音。

（三）学以致用——实践是认识的目的

马克思说："哲学家们只是用不同的方式解释世界，问题在于改变世界。"人们认识的根本目的不在于解释世界，而在于改变世界。所以，那种

"坐而论道，纸上谈兵"的做法是不可取的。认识世界是为了改造世界，毛泽东同志指出："如果有了正确的理论只是把它束之高阁，并不实行，那么这种理论再好也是没有意义的。"人们根据法拉第、麦克斯韦和赫兹等科学家创立的电磁理论发明了无线电报、电话、电视、卫星摇撼技术及现代互联网技术等，大大改变了人们的生活方式；又如，人们根据万有引力规律和宇宙速度将人造地球卫星、宇宙飞船、航天飞机等送上了太空，为人类探索宇宙的奥秘做出了巨大的贡献。认识的目的是把认识应用于实践，去指导实践，从而达到改造世界的目的。认识的最终目的是改造世界，此外再无其他目的。

（四）伽利略与比萨斜塔试验
——实践是检验真理的唯一标准

1590 年，伽利略在比萨斜塔上做了"两个铁球同时落地"的实验，得出了重量不同的两个铁球同时下落的结论，从此推翻了亚里士多德"物体下落速度和重量成比例"的学说，纠正了这个持续了 1900 多年之久的错误结论。关于自由落体实验，伽利略做了大量的实验，他站在斜塔上面让不同材料构成的物体从塔顶上落下来，并测定下落时间有多少差别。结果发现，各种物体都是同时落地，而不分先后。也就是说，下落运动与物体的具体特征并无关系。无论木制球或铁制球，如果同时从塔上开始下落，它们将同时到达地面。伽利略通过反复的实验，认为如果不计空气阻力，轻重物体的自由下落速度是相同的，即重力加速度的大小都是相同的。

（五）相信科学——真理

真理是人们的主观对客观事物的状态、本质和规律的正确认识。关于真理的概念可以把握这样几个内容：真理是一种精神性的现象，是人们认识活动的结果。真理是在人们的实践中可以指导、引导实践到预期目的的正确认识；真理是一种正确的认识，是指这种认识与客观事物的状态、本质和规律具有一致性；但是，这种一致性只能通过看它能否使特定的实践获得成功来鉴别，而没有其他标志。如中国科学家关于宇航技术的认识之所以是真理，就因为它是一种能够指导宇航实践的成功的认识，载人航天的不断突破正说明这一点。当然人们在特定理论的指导下，实践没有获得成功，就应该对导致实践活动失败的原因进行分析，如果不是由于条件、经验操作技术水平上的问题，那么通常表明这种理论是不正确的。

1. 真理的客观性、绝对性、相对性

真理具有客观性，或者说，凡是真理都是客观真理。这是因为：

首先，真理所反映的对象是客观的，是不以人的意志为转移的外部客观世界的事物。可以说真理是具有客观的反映对象。

其次，真理的内容是客观的，它与认识对象的状态、本质和规律具有一致性。这是真理的根本特点。我们说特定的正确认识之所以被称为真理，最根本的特征就是因为它是对客观事物根本

的本质和规律的正确的揭示。它在内容上必须与客观事物的本质和规律具有一致性。任何被称作真理的认识和理论本质上都不应该包括与客观事物的状态、本质、规律不一致的，带有主观臆断性的思想内容，否则它就不是真理。然而在现实中，由于任何具体的真理总是有待完善的、有待发展的，所以通常人们称之为真理的观点，总是不可避免带有某种不完善、不准确甚至是错误的因素、方面或者内容，但要注意这并不意味着真理可以是错误的，也可以与客观事物的状态、本质和规律不一致的思想或理论，因为人们发现真理、发展真理的全部努力都是为了最终使真理与客观事物的状态、本质和规律完全一致起来。例如，在中国改革开放以来，我们不断形成了关于社会主义市场经济、社会主义与资本主义的关系，建设社会主义小康社会，建设社会主义和谐社会等理论。这既是对社会主义制度真理性的认识不断发展、深化、完善的过程，同时也是一个不断纠正过去对社会主义的认识不够深刻、不够准确的方面、内容的过程，因而这也是我们关于社会主义的真理性的认识不断与社会主义的应有状态、本质和规律日益一致起来的过程。

最后，检验真理的标准也是客观的，人们的客观性的实践活动是检验真理的唯一标准。只有经得起实践检验，表明主观和客观相结合的理论观点才是正确的。

以上分析都表明真理具有客观性。

列宁曾经说到一个问题："认为我们的感觉是外部世界的影像；承认客观真理；坚持唯物主义认识论的观点，——这都是一回事。"也就是说，列宁认为只要坚持辩证唯物主义认识论，就必然要坚持真理的客观性原理。真理在内容上是客观的，但是它在形式上却是主观的。那么，我们在坚持真理的客观性原理时，还要正确地认识真理形式上的主观性。

如何认识真理在形式上是主观的：

其一，真理在形态上是一种精神性的现象，它与它所反映的客观存在的外部事物具有本质上的不同。构成真理认识对象的客观存在的外部事物既包括物质性的事物，如自然、人和社会的各种事物，也包括以物质性的介质凝固起来的精神性的事物，比如科学知识、思想理论等。这些事物作为认识对象它们是不以人的意志为转移的客观存在。而特定的真理，则是与其认识对象不同，它是人们头脑中关于外部事物的客观认识，是一种精神现象，而不具有与客观事物相同的客观实在性，对这一点应对二者加以区分。

其二，真理在结构上是用概念、判断、推理等主观的思维形式组织起来的思想观念或理论。概念、判断、推理等都是主观性的思维形式，真理是通过这些主观性的思维形式去把握它所反映的客观事物。

所以，可以说真理在内容上是客观的，在形式上是主观的。

认识"真理在内容上是客观的，在形式上是主观性的"，其意义在于：

一方面，必须把真理在内容上的客观性与作为认识对象的外部客观事物的客观性区别开来。真理内容的客观性是指其思想内容与外部客观事物的状态、本质和规律一致性，而不是指真理也是一种与客观事物一样的具有客观实在性的事物。

另一方面，必须反对唯心主义认识论否定真理内容客观性的观点。有些唯心主义的观点从形式上具有主观性这一点出发，把真理的内容也说成是主观的，从而否认了真理在内容上的客观性。比如实用主义，他们把真理说成是人们面对社会生活时，临时想起来或者随手找到的一种有效的工具，如一种由人们主观确定的思想方式或者行动方式。在他们看来其中并没有什么确定性的客观内容，因此实用主义认为有用就是真理。在实用主义者看来，真理就像一条摆渡船，或是一件衣服，人们只要用来过河或御寒，一旦问题解决了就可以随手丢掉。这样一来，实用主义解决实际问题的方法就不可避免地带有了一种碰运气、赌博似的形式。实用主义的集大成者杜威就甚至认为人生就像一种类似轮盘赌似的活动历程。实用主义的这种观点是不正确的，这是因为被称为真理的知识或者思想，之所以能够在实践中解决实际问题，最重要的就在于这种知识或思想中具有正确反映客观事物的状态、本质和规律的内容，也就是说具有客观性的内容，否则是不能解决任何实际问题的。我们之所以主张根据科学的认识进行改造世界的实践活动，这是因为我们相信只有具有客观性内容的科学真理才能指导人们的实践获得成功。

关于真理的一元性问题

真理是一元性的,这实际上是指对于特定的认识客体来说,真理只有一个。这是因为特定的认识对象是客观存在的、唯一的,那么关于它的状态、本质和规律的认识也只能是确定的、唯一的。虽然人们会因为认识角度、观点、方法、认识水平等不同而得出不同的认识结果,有时甚至会得出完全不同的认识结论,但是这并不意味着每个人的认识都是真理,这是因为由于特定的认识对象只有一个,所以不管在什么情况下,事实上只有一种认识能与特定的、客观的认识对象的状态、本质和规律相一致,而只有这样的认识才是真理,所以真理是一元性的。例如,盲人摸象,虽然不同的盲人从各自的认识角度出发得出了大象像蛇、柱子、扇子、墙壁等结论,然而他们由于各自认识上的局限性都没有把握到真理,因为真正的大象的整体形象即真理只有一个,并不会以他们各自片面的认识为转移,由此可见,我们只有把那种真正与客观事物的状态、本质和规律相一致的知识或思想,才是把握了真理,它才真正起到了保障实践成功的真理尺度的作用。

真理的绝对性和相对性是同一个真理的两个不同的属性

从真理的客观内容来看，承认真理内容的客观性，这是坚持了真理问题上的唯物论。而从真理发展的过程、对真理的具体把握程度来看，真理又是具有绝对性和相对性的。承认了这一点则是坚持了真理问题上的辩证法。实际上任何真理既是客观的，又是具有绝对性的，只有这样去认识真理，才是对真理唯物辩证的理解。

真理的绝对性即具有绝对性的真理：是指真理的无条件性、无限性。

首先，真理的绝对性是指任何真理都必然包含着同客观认识对象相符合的客观内容，都同谬误有原则界限，都不能被推翻，否则就不成其为真理，这一点是绝对的、无条件的。在这个意义上，承认了真理的客观性，也就承认了真理的绝对性或者承认了绝对真理。

其次，人类的认识按其本性来说，是能够正确把握无限发展着的物质世界的，因此真理的发展每前进一步，都是对无限发展着的物质世界的接近，这一点也是绝对的、无条件的、无限的。在这个意义上，承认世界的可知性，承认人能够获得无限发展着的物质世界的正确认识，也就承认了真理的绝对性或者承认了绝对真理。

真理的相对性即具有相对性的真理：是指真理的有条件性、有限性。

首先，任何特定的真理在反映客观对象时其认识范围是有条件的、有限的。任何特定的真理由于都会受到人们认识实践活动的范围以及认识能力的限制，因而它在反映客观对象的时候是有条件的、是相对的，也就是说，它只能是对无限的物质世界发展的某一个阶段、某一个方面、某一个层次的认识而不可能是对无限的物质世界的整体的认识，因而它是有条件的、有限的，这是真理把握客观事物时在广度上的有条件性和有限性。

其次，任何特定的真理在反映客观对象时其正确程度也是有条件的、有限的。任何特定的真理不仅反映的客观对象在广度上有限的，而且它在反映客观对象时的正确程度也是有限的。虽然任何真理都必然是对认识对象的正确反映，但是由于条件的限制，任何特定的真理对客观对象的反映只能是相对正确的，即在认识的深刻程度上、精确度上都是有限的或者是近似性的，这是真理把握客观事物时在深度上的有条件性和有限性。

关于这一点，列宁指出："人不能完全地把握＝反映＝描绘整个自然界、它的'直接的总体'，人只能通过创立抽象、概念、规律、科学的世界图景等等永远地接近这一点。"这里指的是任何特定的真理都具有相对性，都是一个不断深化、发展着的"过程"。

我们可以以牛顿力学为例来说明真理的绝对性和相对性。人们对物理学的真理性的认识，牛顿力学作为真理就既有绝对性又有相对性。牛顿力学作为真理，其绝对性就在于：其一，其中包含着对世界运动规律了正确认识的成分；其二，它是人们彻底认识世界运动规律过程的一个不可缺少的阶段、环节。那么，这些都是无条件的、绝对的。牛顿力学作为真理其相对性在于：其一，它是人们认识世界运动规律的某个方面的，阶段性的认识，因为它仅仅考察了宏观低速运动，却把认识结果说成是整个世界运动的普遍规律，这是它在认识范围上的有条件性、有限性。其二，它只是人们关于整个世界运动的相对正确的认识，因为它的认识结果只适合宏观低速运动，而不适合宏观高速运动和微观高速运动，因而它在认识深度上，是有条件的、有限的。这些是牛顿力学作为真理的相对性的表现。后来，爱因斯坦的"相对论"就是对牛顿力学的发展和深化。其实，所有的真理都同牛顿力学一样是绝对性和相对性的统一。

真理的绝对性和相对性是辩证统一的

第一，任何特定的真理都既包含绝对性方面，又包含相对性方面。比如，中国特色社会主义理论，是我国改革开放以来对社会主义问题的真理性的认识，其中必然包含着对中国特色社会主义的本质规律的正确认识，具有绝对性，这是它之所以被称为真理的原因。但是由于在认识广度和深度上应该发展，因而它也同时具有相对性。

第二，任何特定的真理都是从相对真理向绝对真理发展的过程。比如，中国特色社会主义理论，必然要随着实践和认识水平的提高而不断地发展，这就是从具有相对性的真理走向具有绝对性的真理的过程，这种从相对走向绝对的过程，是一个永远不会完成的过程。

2. 真理的对立面——谬误

真理与谬误是相比较而存在的，相斗争而发展的。真理与谬误是既对立又统一的关系。首先，真理与谬误是对立的。在特定条件下，真理与谬误有本质区别，不能混淆。其次，真理与谬误是相联系的。真理与谬误总是相比较而存在的，没有真理就无所谓谬误，反之亦然。

最后，真理与谬误可以在一定条件下相互转化。任何真理都是有条件的，超出这个条件，真理就会转化为谬误。关于真理可以在一定条件下转化为谬误，列宁指出："任何真理，如果把它说得'过火'……加以夸大，把它运用到实际适用的范围之外，便可以荒谬绝伦的地步，而且在这种情况下，甚至必然会变成荒谬绝伦的东西。"例如，关于真理可以在一定条件下转化为谬误，可以这样认识，如果把社会主义和资本主义存在对立和斗争这样一个真理，无条件地说成这种对立和斗争是绝对的对立，这会失去向资本主义社会的文明成果借鉴的自觉性，就会不注意与资本主义国家交往的策略性，就会犯错误，有害于我们的社会主义建设事业。

关于谬误可以在一定条件下转化为真理。一种情况是，如果把超越了条件、转化为谬误的真理，重新摆在它所适合的条件下，那么它就会重新成为真理。另一种情况是，人们犯错误常常是获得真理的先导，即所谓"失败是成功之母"。总之，真理和谬误的辩证关系原理，指导我们应该在实践中勇于坚持真理，纠正错误，树立为真理而奋斗的信念，从而保证我们的各项事业不断取得成功。中国共产党提出的"百花齐放、百家争鸣"的方针，就是一个自觉地运用真理发展规律，在思想文化和科学领域里通过自由讨论，达到坚持真理、修正错误的正确方针，我们必须坚决维护和执行这个方针。

3. 真理的检验标准

在认识外部事物时，当获得了一定的认识之后，认识过程并没有结束，这是因为还存在着一个对认识结果加以鉴别，看其是否是正确。不经过这一检验的过程的认识仍是不确定的、不可靠的，因而也是无法应用于实践的。关于真理检验的标准，有以下几种观点：权威标准：古代中国，把孔子之是非为是非；古希腊，把亚里士多德的记载和圣经当作检验真理的标准；众人标准：大多人认为对的就是真理；实用主义的标准：有用即真理。实践标准：马克思站在实践观点上，提出实践标准。

辩证唯物主义认为，实践是检验真理的唯一标准，马克思有一段话深刻说明了这一问题。马克思说："人的思维是否具有客观的真理性，这不是一个理论的问题，而是一个实践的问题。人应该在实践中证明自己思维的真理性，即自己思维的现实性和力量，自己思维的此岸性。关于思维——离开实践的思维——的现实性或非现实性的争论，是一个纯粹经院哲学的问题。"中国的马克思主义者也认为实践是检验真理的唯一标准。毛泽东说："判定认识或理论之是否真理，不是依主观上觉得如何而定，而是依客观上社会实践的结果如何而定。真理的标准只能是社会的实践。"

实际上深刻说明了认识对实践的依赖性，同

时也揭示了实践是检验真理的唯一标准这一辩证唯物主义原理。

那么，实践为什么能够作为检验真理的唯一标准呢？实践能够作为检验真理标准的根据：首先，实践是联系主观和客观的桥梁，能够使主观认识与客观对象通过实践进行比较、对照。单纯的主观或者客观事物，由于不能把主观和客观联系起来，因而无法把认识结果和认识对象进行比较、对照，因此都不能成为检验真理的标准。

其次，实践的规律具有超越人类个别主体在认识和实践活动中的个性化的特征和局限性的普遍性的特点。这样，实践对真理的检验也具有了普遍性的意义。实践在改造客观世界时，是否能够取得成功，本质上并不取决于实践参加者的个性特征，而是依赖于制约实践的客观规律和客观条件，也包括作为规律发挥作用的价值尺度和主体条件，因此，实践对认识结果的检验是具有普遍性意义的，是不以任何个人意志和特点为转移的。

最后，实践还具有直接现实性的特点，它能够使认识、思维对象化，即"主观见之于客观"，从而直接体现了指导人们进行实践的认识的现实性。实践能够通过客观物质性的活动，把人们头脑中的计划、方针、蓝图变成具有客观实在性的事物，从而使人们能够把主观认识与客观的实践结果加以对照，从而来判断认识的真理性。这样实践的结果就具有了对认识的真理性的检验和证明的意义。如邓小平关于中国改革开放的假设，这个设想在二十几年的实践中不断地被变成现实，从而被证明是真理。

逻辑证明可以起到检验真理的补充作用。人们的实践活动经过无数次的重复，就把实践的规律印到人脑中了，然后经过思维的抽象、提炼和概括，它会内化为人们思维的规律，成为思维的逻辑，然后再用所谓逻辑的格固定下来。那么，它就成为人的理性思维的有效工具，并且逐步具有公理的性质。因此，逻辑证明就具有了检验理论真理性和普遍性的作用，逻辑证明可以起到检验真理的补充作用。

逻辑证明是对实践作为检验真理标准的一个重要的补充。

在实践中人们常常对计划、方案进行理论证

明，确认它的可行性。当论证通过后，可以认为是一套可以付诸实施的方案，这是逻辑证明发挥作用的过程。当然逻辑证明并不能取代实践检验的真理标准，已被逻辑证明了的东西还必须经过实践的检验才能最终被认定是确定无疑的认识，逻辑证明必须服从实践检验的最后结果。

实践作为检验真理标准的确定性和不确定性

实践是检验真理标准的这一命题同样也要用辩证的观点。列宁提醒人们："在这里不要忘记：实践标准实质上决不能完全地证实或驳倒人类的任何表象。这个标准也是这样的'不确定'，以便不让人的知识变成'绝对'，同时它又是这样的确定，以便同唯心主义和不可知论的一切变种进行无情的斗争。"

实践作为检验真理标准的确定性，是指实践是检验真理的唯一标准，离开了实践，再也没有另外的标准；而且实践最终一定能够完成任何真理的证明。只要我们确认实践最终能够检验认识的真理性，这就是实践作为检验真理标准的确定性。肯定了实践标准的客观性和唯一性，也就必须承认实践作为检验真理标准的确定性、绝对性。

实践作为检验真理标准的不确定性，是指任何具体的实践活动对于真理的检验作用都会由于历史条件的种种限制而表现出相对性、有限性、不确定性的特点。实践在本质上是社会性、历史性的实践，但是它总是具体地表现为个别性的、历史性的实践活动。所以在具体的条件下，实践对真理的检验有其不确定性的一面，实践对真理的检验不可能一次完成、不可能具有一劳永逸的可靠性。因此，我们必须把实践对真理的检验，看作是全部人类的实践即无数个别的、历史发展着的、整个社会的实践对真理的检验。如中国革命的历史表明，中国共产党领导下的革命事业并没有因为某次具体的革命斗争实际活动失败而被证明共产党不能领导中国革命取得胜利。相反，正是无数次历史实践的总和最终证明了中国共产党领导中国革命取得胜利的必然性。

由于实践是一个过程，真理是一个过程，因而实践检验和证明真理也是一个过程，而且这个过程是永远不会完结的。

实践标准既是确定的，又是不确定的。

所谓确定性，从最终的、本源性的意义上来

说，就是只能以实践的结果论是非，而不能以本本论是非，不能以圣人论是非，不能以权威论是非，不能以长官意志论是非，不能以自我感觉论是非；从可靠性的意义上来说，实践标准具有权威性，实践最终能够检验出一个认识是不是真理。

所谓不确定性，首先是指实践总是具体的、历史的，不能完全证实或驳倒现有的一切认识；其次是指实践对真理的检验也不是一劳永逸的，而是一个过程。

实践本身是需要反思的。有自觉的实践，有盲目的实践；有正确的实践，有错误的实践；有积极的实践，有消极的实践；有健康的实践，有颓废的实践；有完整的实践，有残缺的实践；有成功的实践，有失败的实践。

不同的实践都是检验真理的标准，区别在于有的是从正面直接证实真理，有的是从反面间接证实真理，有的是从侧面迂回证实真理。

实践标准的局限性：其一，实践检验往往滞后于理论本身，也就是说在理论创造的过程中，实践往往还没有展开，或者实践的结果还没有定论；其二，研究主体和实践主体往往相互分离，实践检验的过程和结果无法及时反馈至研究者；其三，实践检验是一个过程，往往难以毕其功于一役，需要反复实践反复检验。

五、认识社会、认识人生

（一）社会历史观

社会历史观是关于人类社会的起源、本质和发展规律等一般问题的观点和理论体系，是人类对本身相互交往活动的条件、过程和结果的反思。以社会现象的内在联系及其发展过程为研究对象。在历史上社会历史观具有鲜明的阶级性，它在很大程度上影响到各个时代、各个阶级的整个哲学世界观的倾向和实质。虽然社会历史观并不直接以考察整个世界一般问题为对象，但它对物质运动最高形式的根本问题的回答，也就是对哲学世界观的最尖锐问题的回答。因此，社会历史观是哲学世界观的重要组成部分。19 世纪 40 年代，马克思和恩格斯创立了历史唯物主义，社会历史观实现了根本的变革，确立了社会存在决定社会意识的原理。社会存在与社会意识的关系是历史观的基本问题。

1. 社会存在与社会意识

（1）社会存在的基本含义

社会存在是指社会生活的物质方面。社会存在包括自然地理环境、人口因素、物质资料的生产方式等方面内容，它们构成人类社会的物质生活条件，其中生产方式是主要的决定性条件。社会存在属于哲学中的物质范畴，具有客观性。

（2）社会意识基本含义

社会意识是指社会生活的精神方面。社会意识包括政治法律思想、艺术、道德、宗教、哲学、科学以及风俗习惯等方面内容。它是社会物质生活及其条件的主观反映，是人们对自己周围环境、社会关系、社会过程的认识而形成的一切意识要素、观念形态等全部精神生活过程的总和。社会意识属于哲学中的意识范畴，具有相对独立性。

2. 社会历史观的基本问题

这个问题是哲学基本问题在历史观的扩展。物质与精神的关系问题划分了唯物论与唯心论两大阵营，在历史观上，对这个问题的不同回答也是划分两大阵营的标准。

（1）考察纷繁复杂的社会现象，我们可以发现，无非是两大类：社会物质现象与社会精神现象。古今中外的思想家、史学家都不能回避社会存在与社会意识的关系问题。正确认识和处理两类社会现象的关系问题，是我们研究、解决一切社会历史和现实问题的基本出发点。

（2）社会存在与社会意识何者为第一性的问题，谁决定谁的问题是划分唯物史观与唯心史观的标准。

唯物史观认为：社会存在决定社会意识——社会存在中生产方式对社会发展起决定作用——

生产方式中生产力是最革命最活跃的因素——生产力中劳动者是人的能动的因素——人民群众是历史的创造者。

唯心史观认为：社会意识决定社会存在——个别英雄人物或客体精神的意志对历史发展起决定作用——英雄或上帝创造历史。

因此，社会存在与社会意识的关系是两种历史观的分歧、斗争的焦点。

（3）社会存在与社会意识的关系问题，也是我们在社会生活和实际工作中首先碰到和必须解决的基本问题，是我们认识和改造世界的基本问题。我们认识和处理一切社会现象与社会问题，都必须从社会存在的实际出发，才能很好地解决问题，否则，就会犯"左"倾或右倾的错误。

3. 社会存在与社会意识的辩证关系

（1）社会存在决定社会意识，社会意识是社会存在的反映

①社会存在的性质决定社会意识的性质

首先，从整个社会的总体上看，即从最高的抽象意义上看，社会意识的内容根源于社会存在，

是社会存在的反映。有什么样的社会存在，就会有什么样的社会意识与其相适应，并为其服务。

其次，从社会中的单个人或集团来看，社会意识由其所处在社会存在的具体状况所决定的。

②社会存在的变化决定社会意识的变化

首先，从社会意识的总体来看，社会意识随社会存在的变化而变化。随着社会经济制度的更替、变化，人们的社会意识也会发生或早或迟，或快或慢，或大或小的变化。

其次，从社会意识的个体来看，某一社会意识的产生、发展和消失，只能由社会存在的状况及其变化发展来说明。

③在"社会存在决定社会意识"上坚持历史唯物主义，反对历史唯心主义。

首先，是否承认社会存在决定社会意识是历史唯物主义与历史唯心主义的根本界限。历史唯物主义的根本观点就是承认社会存在决定社会意识，而各种形式的历史唯心主义都否认社会在决定社会意识。

其次，历史唯心主义的错误观点的实质。其实质都是认为社会意识决定社会存在，都把精神看成是社会历史发展的最终原因，完全颠倒了社会存在与社会意识的关系，因而它们看不到社会历史发展的客观规律，在纷繁复杂的社会历史现象面前无法得出正确的结论。例如，奴隶社会的社会存在决定了在社会意识上奴隶对奴隶主绝对的隶属关系，奴隶主对奴隶的残酷迫害（带上手铐脚镣强迫劳动、用活奴隶陪葬等）被认为是天经地义的。封建制的社会存在决定了社会意识上封建伦理纲常的等级森严，达官贵人与布衣小人不能逾越，刑不上大夫，礼不下庶人。资本主义制的社会存在决定了废除等级，资本家有平等的生产权、贸易权、经营权；工人阶级有平等的接受资产阶级剥削的权利。反映到社会意识上是自由平等博爱，法律面前人人平等的虚伪性。离开人们的社会物质关系和社会生活过程，就不会有社会意识的产生。

（2）社会意识对社会存在具有能动的反作用

①社会意识对社会存在的反作用

首先，从性质上说，不同性质的社会意识对社会存在起着不同的作用。先进的、革命的、科学的社会意识对社会存在的发展产生巨大的促进作用；落后的、反动的、不科学的社会意识对社会存在的发展起着重大的阻碍作用。

"人无信不立，业无信难兴，政无信比颓。"党的十六届三中全会指出："形成以道德为支撑，产权为基础，法律为保障的社会信用制度，是建设现代市场经济体系的必要条件，也是规范市场经济秩序的治本之策。增强全社会的信用意识，政府、企事业单位和个人都要把诚实守信作为基本行为准则。"守信与失信行为体现了两种性质相反的社会意识。社会意识对社会存在具有能动的反作用。信用意识作为一种社会意识，对社会信用制度的建立具有巨大的促进作用。增强人们的信用意识，有利于在全社会形成人人讲诚信的良好社会氛围。价值观作为一种社会意识，对于人们的行为具有导向作用。信用意识是正确价值观的体现，对维护国家利益、集体利益和他人利益，对抑制为满足个人私欲而不惜损害社会和他人利益的行为，具有重要作用。

随着我国的经济社会的发展变化，人的思想观念也发生了深刻变化，基于这一实际，开展道德模范人物评选颁奖活动，有利于广大人民群众学习他们的高尚情操和优良品质，增强坚持建设有中国特色的社会主义的自觉性，激励各族人民解放思想，努力建设全面小康社会和社会主义和谐社会。

其次，从量上说，无论社会意识起什么性质的作用，它对社会发展的影响作用都有程度深浅、范围大小、时间长短的不同。即使是先进的社会意识，对历史发展的促进作用的程度也是不同的，这取决于提出和运用先进意识的阶级的历史作用、反映社会规律的正确程度，以及在群众中传播的情况等。有的社会意识对社会存在的影响可长达几千年，有的则短到几年，有的可以遍及许多国家甚至全世界，有的局限于一个地区。

②科学的社会意识对社会存在产生巨大的促进作用

首先，科学的社会意识对社会存在产生巨大的促进作用的原因。科学的社会意识由于正确地反映了事物的属性和变化发展规律，能对事物的发展趋势做出正确的分析、判断和预测，使人们采取正确的措施，推动事物的发展，因而能够对社会存在产生巨大的促进作用。

其次，科学的社会意识对社会存在产生巨大的促进作用的表现。科学的社会意识使人们在形势好时能居安思危，清醒地看到存在的问题，及时加以解决，进一步发展大好形势；在面临困难时能看到成绩，看到光明，看到战胜困难的有利因素，信心百倍地去推动形势或事件向好的方面转化。

准确理解社会存在和社会意识的辩证关系：

社会存在的决定作用和社会意识的反作用是社会存在和社会意识辩证关系统一的、不可分割的两个方面。其中，社会存在的决定作用是第一位的，社会意识的反作用是第二位的，二者不能等量齐观。社会意识对社会存在的反作用再大，也只能凭借一定的物质手段去实现，必须以社会存在的决定作用为前提。我们既要反对夸大社会意识反作用，否认社会存在决定作用的唯心主义观点，也要反对只承认社会存在决定作用，否认社会意识反作用的形而上学观点。

理解社会存在和社会意识的辩证关系要联系物质和意识的辩证关系思考。第一，二者所讲的角度和所属的范畴不同，前者是从历史唯物主义角度来讲的，后者是从辩证唯物主义角度来讲的；第二，二者又是统一的，社会存在和社会意识的辩证关系以物质和意识的辩证关系为理论基础，是物质和意识辩证关系在社会历史领域的展开和运用。

4. 社会意识的相对独立性

社会意识的相对独立性是指在社会存在基础上形成的社会意识，又具有自身独特的发展规律。它主要表现在：

第一，社会意识发展变化与社会存在发展变化的不完全同步性。在任何一个社会，都会出现这种情况，同时存在社会意识落后于社会存在和社会意识超前于社会存在的现象。我国现阶段存在封建意识的残余传统观念和资产阶级思想的影响，官本位的思想的表现："人贵言重，人微言轻"；"当官不与民做主，不如回家卖红薯"……都是封建思想残余的影响。一切向钱看，唯利是图，见死不救，为了达到目的不择手段等是资产阶级思想的表现。同时，也存在大公无私的社会主义高级阶段的思想意识，比如义务劳动、无偿献血、助人为乐不记报酬等行为。落后的社会意识对社会存在起消极作用，进步的社会意识对社会存在起促进作用。

第二，社会意识的发展同社会经济发展水平的不平衡性。经济上先进的国家，社会意识不一定是先进的；经济上落后的国家，社会意识不一定是落后的。社会意识是社会存在的反映，但不是一一对应的关系，不然我们就无法理解为什么生产力水平高于我国的发达资本主义国家的社会意识落后于我国的社会意识。一个社会的意识形态的性质，由社会的生产关系的性质决定，我国的生产力水平落后，但生产关系的公有制为主体，决定了我国是社会主义国家，社会意识高于资本主义。

第三，社会意识的发展具有历史继承性。不同时代的社会意识之间有前后的历史继承关系。每个时代都会创立新的思想体系，同时都要批判地吸收前人所创造的积极的思想成果。我国是文明古国，有着灿烂的古代文化，易经、四大发明、孙子兵法、伦理思想等构成我国深厚的文化积淀，如果把传统文化纳入现代化的发展进程，就会加速我国的社会主义建设和科学文化事业的兴旺发达。洋为中用，古为今用，是振兴中华民族的必由之路。

第四，各种社会意识形式之间是相互联系、相互作用的。一个社会的政治思想法律思想、道德观、宗教观、艺术观和哲学思想等是相互作用的，共同影响社会存在和社会生活。

第五，社会意识对社会存在具有能动的反作用。这是社会意识相对独立性的最突出的表现，也是社会意识的一个重要特点。

（二）领悟人生真谛，创造人生价值

自从有了人，这个蔚蓝色的星球就充满了生机和活力。在创造奇迹的同时，人们从没有放弃思索："人是什么?""人活着，究竟为了什么?"人的本质问题，是关于人的学说的理论基石，是解决一切人生问题的前提和基础。

1. 人的本质

关于"人"的思考，人是什么？说到"人"，就会想起古希腊的一个神话传说"斯芬克斯之谜"。在希腊神话故事里，便有一个狮身人面的怪兽，名叫斯芬克斯。它有一个谜语，询问每一个路过的人，谜面是："早晨用四只脚走路，中午用两只脚走路，傍晚用三只脚走路。"据说，这便是当时天下最难解的斯芬克斯之谜。如果你回答不出，就会被它吃掉。它吃掉了很多人，直到英雄的少年俄狄浦斯给出谜底。俄狄浦斯的谜底是"人"。他解释说："在生命的早晨，人是一个娇嫩的婴儿，用四肢爬行。到了中午，也就是人的青壮年时期，他用两只脚走路。到了晚年，他是那样老迈无力，以至于他不得不借助拐杖的扶持，作为第三只脚。"斯芬克斯听了答案，就大叫了一声，从悬崖上跳下去摔死了。俄狄浦斯猜中了，斯芬克斯之谜，其实就是人的谜、人的生命之谜。俄狄浦斯对"斯芬克斯之谜"的解答是"表象"的、"动物"层面的，换言之，他并没有真正地解开"斯芬克斯之谜"。对于今天的我们来说，德尔菲神庙前石碑上镌刻着的"认识你自己"几个大字仍然是一个"谜",迄今,它仍是横亘在当代人类面前的一个严峻课题。

"人是什么"或"人的本质是什么"?这既是一个古老的问题,又是一个现实的问题。在中外思想史上,许多思想家从不同的角度提出了自己的见解,其中不乏真知灼见,为科学揭示人的本质提供了大量的思想资料。自古以来,人们对人的认识和定义都不一样。而真正揭开"人"的面纱,从自然科学领域看当推比利时医生维萨里,他的《人体之构造》揭示了人体之奥秘、揭示了人的生物性,而从社会科学领域看那就是马克思,马克思揭示了人的本质,揭示了人的社会性。马克思反对抽象地理解人的本质,他认为在考察人的本质、理解人时,将人不仅视为自然存在物,而且是社会存在物。这在他的论著中多次阐述过。1845年春马克思在《关于费尔巴哈的提纲》中提出了人的本质的科学论断:"人的本质并不是单个人所固有的抽象物。在其现实性上,它是一切社会关系的总和。"马克思的这个科学论断,为考察人的本质提供了科学的思维方法。"人的本质是一切社会关系的总和",是马克思主义关于人的本质理论的核心观点。马克思关于人的本质的科学论述揭示了人的两重性——自然属性和社会属性。人是自然之物,具有自然属性;人更是社会存在物,具有社会属性;社会属性是人的根本属性。

人的自然属性是指人的生理结构和自然本能。如发达的大脑,直立行走,饿了要吃,渴了要喝,性成熟了要生殖繁衍等。自然本能是人和动物都有的。第一,人的自然属性不是人与动物相区别的标志,而是人类起源于动物的佐证。第二,人的自然属性与动物的自然属性不完全相同,是经过社会文化熏陶了的自然属性,是受人的社会属性制约的自然属性。

人的社会属性是以共同的物质生产活动为基础而相互联系的人类生活所具有的属性。它是人在一定的社会环境中表现出来的性质,主要表现为劳动、语言、思维等。社会属性是人区别于动物的根本标志。只有物质结构和功能的生命个体并不是真正意义上的人。"现实的人"总是历史的、具体的、处于一定的生产关系中的。离开一定的社会条件,人不可能有语言、不会有思维、也不会有人的情感和创造，充其量只能是生物学意义上的自然存在。人的本质属性在于社会属性。

人的自然属性和社会属性是辩证统一的。人的社会属性是人的本质属性，自然属性受制于社会属性。社会属性决定着自然属性，从而决定了人的本质。

人的本质是一切社会关系的总和。

社会是人的社会，人不能离开社会而存在。人只能在特定的社会生产关系和经济关系中，进行各种社会实践活动，获取自己生存和发展的生活资料。社会关系包括物质的社会关系和思想的社会关系，二者相互渗透、相互影响。正是现实的社会关系塑造着人们，形成人的本质。

人的自然属性和社会属性是辩证统一的。人的社会属性是人的本质属性，自然属性受制于社会属性。社会属性决定着自然属性，从而决定了人的本质。

人的本质是一切社会关系的总和。社会是人的社会，人不能离开社会而存在。人只能在特定的社会生产关系和经济关系中，进行各种社会实践活动，获取自己生存和发展的生活资料。社会关系包括物质的社会关系和思想的社会关系，二者相互渗透，相互影响。正是现实的社会关系塑造着人们，形成人的本质。

马克思主义的本质理论关注现实的、具体的人，强调把人与人之间一定的社会关系作为研究对象，探索在历史上变化着的人的本质，是最科学的理论。由此我们可以得出，社会上流行的"人的本质是自私的"观点是错误的。

任何人都是处在一定的社会关系中从事社会实践活动的人。人的本质是一切社会关系的总和，社会属性是人的本质属性，人的自然属性也深深打上了社会属性的烙印。每一个人从他来到人世的那天起，就从属于一定的社会群体，同周围的人发生着各种各样的社会关系，如经济关系、政治关系、法律关系、家庭关系、地缘关系、业缘关系、道德关系等。正是这些社会关系的总和决定了人的本质。人们正是在这种客观的、现实的、不断变化的社会关系中塑造自我，成为真正意义上的人，成为具有个性特征的自我。正是在这个过程中，人们不断面对生活中各种各样的问题，逐渐地认识和领悟人生。到了一定年龄，无论自觉与否，都会形成与自己的生活阅历、实际体验密切相关的关于人生的根本观念、价值判断和前后一贯的生活态度，这就是一个人的人生观的体现。

2．人生观和世界观

人生为了什么？怎样的人生更有意义？每个人都在用自己的人生实践回答着这些问题。洪战辉，全国自立自强优秀大学生；12 岁起就用自己稚嫩的肩膀扛起了家庭生活的重担，在艰难的生活面前，他没有悲观绝望、放弃责任，他用自己的行动回答着"人活着为什么"的问题。王顺友，全国劳动模范，四川凉山州木理县乡村邮递员。他 20 年如一日，在一个人的马帮邮路上孤独地行走。他的人生又是为了什么呢？张海迪和霍金，他们都是残疾人，但他们却用自己的方式书写了辉煌的人生。

人生，是指人的生命历程，一般包括认识和改造自然，认识和改造社会，认识和改造自己的三个过程。人活着为了吃饭还是吃饭为了活着？这就涉及人生问题的不同观点。那么什么是人生观？人生观是世界观的重要组成部分。人生观是人们对人生目的和人生意义的根本看法和态度。它决定一个人做人的标准，是把握人生方向、抉择人生道路的指南。人生观主要是通过人生目的、人生态度和人生价值三个方面体现出来的。这三个方面是相辅相成的，其中，人生目的是人生观的核心。人生目的是人为什么活着，也是人生的根本愿望和目标。人生态度是人怎样活着，也就是对现实生活所抱的态度和采取的行动。人生价值是怎样活着才有意义。譬如，有的人认为，"人生在世，吃喝二字"，把人生过程局限在满足吃喝、满足求生存。不错，人生是个生存的过程，但绝不仅仅就是吃喝求生存的过程。如果把人的生命过程看作是仅仅满足吃喝的话，那人就无异等同于动物。但人类不同于动物，人除了求生存，还要求发展。为了发展，人类会思考"我应该怎么活"，"怎么活，人生才更有意义"，"我的人生目标是什么"，"对待人生的态度应该怎样"等问题。

世界观是人们对整个世界（即自然界、人类社会和人类本身）的看法和观点，因此，世界观就自然地包含了自然观、社会历史观与人生观。那么，世界观和人生观有什么关系？

一方面，世界观决定人生观，有什么样的世界观就有什么样的人生观。你看待世界、看待事物的观点是客观的、辩证的——这是世界观，则在看人、评价工作时也会是客观的、辩证的。人也会有好坏两方面，不可能十全十美；工作是辛苦的，但也有收获的幸福和甜美——这是人生观。因此，世界观决定人生观。

另一方面，人生观又对世界观的巩固、发展和变化起着重要的作用。一个人的人生观如果发生变化，往往会导致世界观发生变化。有人曾因高考落榜，竟对生活失去信心，甚至对这个世界彻底失望，而走上绝路。可见，人生观也会对世界观产生影响，甚至对世界观的巩固、发展和变化起着重要的作用。

大家读过《居里夫人的三克镭》的故事。1902年，居里夫妇发现了镭，1903年获诺贝尔物理学奖。到第一次世界大战前，镭的身价已涨到每克10万元。如果凭借镭的专利技术，居里夫妇早该富甲一方了。但事实上，居里夫妇在发现镭的一开始就放弃他们的专利，并毫无保留地公布镭的提纯方法。居里夫人对此的解释是："镭，既是济世仁慈的物质，它就属于全人类。"发现了镭的居里夫妇依旧生活在异常简陋的实验室里继续着他们的研究。不幸的是，居里先生在一次交通事故中丧生。居里夫人忍受着重大打击，以惊人的毅力，一个人做着两个人的工作，并于 1911 年第二次获得诺贝尔化学奖。

1920 年 5 月，一位美国记者几经周折在巴黎实验室里见到了镭的发现者。他问，难道这个世界上就没有你想要的东西吗？"有，1 克镭，以便我的研究。可 18 年后的今天我却买不起。它的身价太贵了。"记者对此事给予极大的帮助。她回美国时在全美妇女中奔走相告，最终获得成功。

1921 年 5 月 20 日，美国总统将公众捐献的一克镭赠予居里夫人。数年之后，当居里夫人想在自己的祖国波兰华沙创办一个镭研究所、治疗癌症的时候，美国公众再次为她捐赠了第二克镭。这就是三克镭的说法。

居里夫人因为发现了镭而获得皇家的最高嘉奖。她把获得的奖章和纪念品随手丢给女儿去玩。

有朋友到她家时，看到她女儿在玩她的奖章和纪念品，大为惊讶，而居里夫人则认为，荣誉就像玩具，玩玩可以，不能终身靠它。

今天，全世界的人们仍然记得居里夫人这位伟大的女性。我想，人们记住的不仅是她为人类发现了镭（具有对付癌症功效的元素），而是从小小一克镭中所透射出来的那种对待人生、对待事业、对待荣誉的美好品德和光辉的人性。我也想通过这个故事告诉同学们：高尚的人生目的对一个人成就事业、对创造有意义有价值的人生，乃至对个人人格魅力的塑造，都有着重要的导向作用。领悟人生真谛，首先要追求一个高尚的人生目的。

（1）追求高尚的人生目的

有人问亚里士多德："你和平庸人有什么不同？"这位古希腊大哲学家回答："平庸的人活着是为了吃饭，而我吃饭是为了活着。"这似乎是咬文嚼字的解答，却揭示了人生目的问题。人的生命过程，就是围绕着这一人生目的不断实践的过程。

①人生目的决定人生道路

人生目的是生命航程的灯塔，是人生旅途的坐标，是人生实践活动的前提和起点。人生目的决定人生的根本方向和道路。

当人类即将迈入 21 世纪的时候，英国广播公司（BBC）在全球范围内进行过一次"千年思想家"的网上评选。结果高居票房榜首者就是马克思。为什么马克思能够高居榜首？2008 年，当国际金融危机肆虐全球之时，马克思的鸿篇巨著《资本论》在欧洲销量成倍增长。这一切都表明，马克思主义经受住了时代的考验，其科学性和真理性，得到世界上越来越多人的认同。马克思能够高居榜首另一个重要的原因是，虽然马克思已经逝世 130 年了，但他的个人魅力却丝毫没有消失，原因就是马克思从青年时代起就立志要为解放全人类而奋斗。1835 年，年仅 17 岁的马克思在中学毕业论文《青年在选择职业时的考虑》中说：如果我们选择了最能为人类福利而劳动的职业，那么，重担就不能把我们压倒，因为这是为大家而献身；那时我们所感到的就不是可怜的、有限的、自私的乐趣，我们的幸福将属于千百万人，我们的事业将默默地，但是永恒发挥作用地存在下去，而面对我们的骨灰，高尚的人们将洒下热泪。他提出了马克思主义这一具有强大生命力的科学理论，阐述了资本主义必然灭亡，共产主义必然胜利的社会发展规律。马克思主义从诞生的那一天起就遭到了很多人的谴责和质疑。然而这些质疑甚至是诽谤并没有扼杀马克思主义，相反马克思主义却以其科学性和真理性征服了世界，马克思主义逐渐被越来越多的人认同，它虽产生于 19 世纪，但没有停留于 19 世纪；它虽然产生于欧洲，却跨越欧洲影响了全世界。它的产生实现了人类认识史上划时代的伟大变革，在人类思想史上树起了前无古人的不朽丰碑。

高尚伟大的人生目的决定着奋斗奉献的一生，平淡务实的人生目的决定着踏实平凡的一生，卑鄙下流的人生目的决定着肮脏罪恶的一生。所以一方面，人生目的规定了人生活动的大方向，对人们所从事的具体活动起着定向的作用。另一方面，人生目的又是人生行为的动力源泉。为实现人生目的，人们会注重培养能力、磨炼意志，做奋发进取的拼搏和持之以恒的努力。

②人生目的决定持什么样的人生态度

人生目的有正确和错误之分。没有正确的人生目的，就没有充实的、积极的人生。正确的人生目的导引着伟大、高尚、积极的一生；错误的人生目的引出卑劣、消极、罪恶的一生。在一定的社会历史条件下，人生目的是自己选择的结果，每个人必须对自己的选择负责。

大家都知道海伦·凯勒的故事。20世纪，海伦·凯勒，这个独特的生命个体以其勇敢的方式震撼了世界，她是一个生活在黑暗中却又给人类带来光明的女性，一个度过了生命的88个春秋，却熬过了87年无光、无声、无语的孤独岁月的弱女子。然而，正是这么一个幽闭在盲聋哑世界里的人，竟然毕业于哈佛大学德吉利夫学院，并用生命的全部力量处处奔走，建起了一家家慈善机构，为残疾人造福，被美国《时代周刊》评选为20世纪美国十大英雄偶像。创造这一奇迹，全靠一颗不屈不挠的心。海伦接受了生命的挑战，用爱心去拥抱世界，以惊人的毅力面对困境，终于在黑暗中找到了光明，最后又把慈爱的双手伸向全世界。

我们仔细想一想，一个盲聋人都能取得这么大的成果，而我们绝大多数健全的人呢？相比起来，我们做到了什么呢？平时在学习上、生活上，有些人总以条件差为取不到成就的原因。对比于海伦，这些困难又算得上什么呢！从海伦的一生，我相信能给大家一个启示：一个人要取得成果，不在于条件的好坏，而在于奋斗了多少。

海伦除了有不屈不挠的奋斗精神、坚强的毅力，同时还是因为她有远大的理想和奋斗目标，能够发挥自己的主观能动性，创造条件，主宰自己的命运。在无声而黑暗的世界里，创造出一种特殊的美丽，从不幸的谷底到生活的巅峰，海伦的生命本身就是一次绝美的舞蹈，给人们带来纯净至美的艺术享受，这美感因克服残疾顽强地表现出来更显灿烂！

③人生目的决定采取什么样的人生价值标准

正确的人生目的会使人懂得人生的价值在于奉献，从而在工作中尽心、尽力、尽责；错误的人生目的则会使人把人生价值理解为向社会或他人进行索取，从而以追逐个人私利为有价值、有意义的人生，以对国家、社会、集体和他人尽义务为无价值、无意义的人生。

（2）确立积极进取的人生态度

任何人的一生都不可能一帆风顺，会有坦途，又会有逆境。对于这样的人生，我们该以怎样的态度来面对？

所谓人生态度就是指人们通过生活实践所形成的对人生问题的一种稳定的心理倾向和基本意图。每一个人在生活实践中，都会遇到义利、荣辱、苦乐、得失、成败、祸福、生死等人生矛盾，以什么样的态度对待人生的矛盾和问题就会走出不同的人生之路。如果以正确的人生态度对待和处理这些问题，就可以正确地把握人生，取得人生的成功。

①人生态度是人生观的一部分，它不是天生的，是客观事物在人的主观意识中的反映。有什么样的人生观就有什么样的人生态度。

②人生态度是人生观的表现和反映。

我们一起来读《枯井中的驴子》的故事。一天，一个农民的驴子掉到了枯井里。那可怜的驴子在井里凄惨地叫了好几个钟头，农民在井口急得团团转，就是没办法把它救起来。最后，他断然认定：驴子已经老了，这口枯井也该填起来了，不值得花这么大的精力去救驴子。农民把所有的邻居都请来帮他填井。大家抓起铁锹，开始往井里填土。驴子很快就意识到发生了什么事，起初，它只是在井里恐慌地大声哭叫。不一会儿，令大家都很不解的是，它居然安静下来。几锹土过后，农民终于忍不住朝井下看，眼前的情景让他惊呆了。每一铲砸到驴子背上的土，它都做了出人意料的处理：迅速地抖落下来，然后狠狠地用脚踩紧。就这样，没过多久，驴子竟把自己升到了井口。它纵身跳了出来，快步跑开了。在场的每一个人都惊诧不已。

生活也是如此。各种各样的困难和挫折，会如尘土一般落到我们的头上，要想从这苦难的枯井里脱身逃出来，走向人生的成功与辉煌，办法只有一个，那就是：将它们统统都抖落在地，重重地踩在脚下。因为，生活中我们遇到的每一个困难、每一次失败，其实都是人生历程中的一块垫脚石。生活中我们会遇到各种各样的事情，有机遇也有挑战，在机遇面前，我们要积极抓住，努力的奋斗；在困难面前，我们也绝不能放弃，哪怕只有一点的机会，我们一定能走出属于自己苦难的那口枯井。

目前，国家正处于转型期，如何面对发展所

带来的机遇和挑战，如何应对不良意识形态对我们的干扰和影响，如何领悟人生、指引自己走好人生之路，一个很重要的问题就是端正人生态度。

①人生须认真：以认真的态度对待人生，就是要严肃思考人生的意义，明确生活的目标和肩负的责任，认认真真地做好每一件事。要正确地认识和处理人生中遇到的各种问题，不能得过且过、放纵生活、游戏人生，否则就会虚掷光阴，甚至误入歧途。要对自己负责、对家庭负责、对国家和社会负责，自觉承担起自己应尽的责任，满腔热情地投身于生活、学习和工作中，认认真真地做好每一件事，在为国家发展和社会进步贡献力量的过程中实现自己的人生价值。

②人生当务实：一个人要从人生的实际出发，树立远大理想，并把远大理想寓于具体的行动中，不能好高骛远，要从小事做起，脚踏实地。人的一生，往往不会一帆风顺，有进有退，有荣有辱，有升有降，有高潮也有低落，得意时不要忘形，失意后不要悲观，敢于挑战与面对。认识到坦坦荡荡地做人，踏踏实实地做事，平平淡淡地生活，在任何时候保持心里那份宁静与平和，才是我们

应当追求的务实人生。

③人生当乐观：学生因考试失败、学习压力过重、感觉生活没意思等。那么霍金呢？和学生相比，面对困境，霍金选择了坚强的活着。二者当中，两种不同的人生态度的对比当中，充分表明积极乐观的态度是克服挫折的最有效的方法。生活态度积极的人，更能忍受痛苦和挫折；生活态度消极的人，却可能被消极的痛苦和挫折所压倒。最后成功的往往不一定是最有才华的人，而是能够忍耐、懂得克制和从不轻易放弃努力的人。正如霍金所说的："生活是不公平的，不管你的境遇如何，你只能全力以赴。""活着就有希望。"所以，面对挫折、困难与痛苦我们当然是选择坚强地活着。的确人的一生当中可能都会充满着竞争、紧张和艰辛，生命的形式是痛苦的，但生命的内涵都是快乐的，"艰难困苦，玉汝于成"，没有痛苦的体验，哪来快乐的享受？只有不畏劳苦与艰辛沿着崎岖的陡峭山路攀登的人，才能真正感受到"无限风光在险峰"的喜悦！

④人生要进取：人生实践是一个创造的过程。适应历史发展的趋势，以开拓进取的态度迎接人

生的各种挑战，就能不断领悟美好人生的真谛。著名医学家李时珍，三次考试落榜后，下决心从医，一生走遍黄河流域、长江流域，经过二十七年，参考了800多种医书，写下了医学巨著《本草纲目》。美国著名的发明家爱迪生，小时候只上了几个月的学，就被辱骂为"愚钝糊涂"的"低能儿"，退学了。他眼泪汪汪地回到家里，要妈妈教他读书，并下决心长大了要做一番事业。他不断地做实验，终于成了世界发明大王，他一生发明了一千多件东西，对人类做出巨大贡献。

3. 用科学高尚的人生观指引人生

不同的人生观往往意味着不同的生活道路和生活方式，并赋予人生以不同的意义。我们应当在科学理论的指导下，选择正确的人生观，摒弃错误的人生。

（1）为什么要用科学高尚的人生观指引人生

科学高尚的人生观能使人深刻理解人生目的，为社会多做好事；科学高尚的人生观能使人胸怀正确的人生态度，正确对待人生和生活；科学高尚的人生观能使人更好地抵御各种错误人生观的影响。由于受国内外错误思潮的影响，在人群中，我们不否认少数人存在拜金主义人生观、享乐主义人生观和个人主义人生观。享乐主义人生观是一种把享乐作为人生目的的人生观，主张人生的唯一目的和全部内容就在于满足感官的需求与快乐。生活会非常真实地告诉我们：一个声称"出去寻欢作乐"的人，是不可能找到快乐的；一个赤裸裸地追求享乐行为的人，或者毫无结果，或者适得其反——紧随其后的是"痛苦"。因此，当把享乐作为唯一的人生指导观念时，它就带有极大的虚伪性或欺骗性。拜金主义人生观是一种金钱可以主宰一切，把追求金钱作为人生最高目的的人生观。拜金主义人生观将金钱神秘化，将金钱成为衡量人生价值的唯一标准。个人主义人生观是一切从个人出发，把个人的利益放在集体利益之上的人生观，主张个人是目的，社会和他人只是达到个人目的的手段。种种错误的人生观，尽管形式不同，但具有共同的特征。其错误在于：尽管在形式上五花八门，内容上不尽一致，但它们却有着共同的特征。

其一，它们都是没落阶级的人生观，反映的

都是狭隘的阶级利益，不可能具有先进阶级的宽广胸怀和远大志向，更不能代表人民群众的利益。

其二，它们都没有把握个人与社会的正确关系，忽视或否认社会性是人的存在和活动的本质属性，他们讨论人生问题的出发点和落脚点都是一己私利的。

其三，都是片面地理解了人的本质，夸大了人生的某方面需要，而无视人的全面性和人生的全面需要。这样的人生观显然是错误的。同学们应当顺应时代潮流，坚决摒弃错误的人生观，选择并牢固树立正确的人生观。

（2）树立为人民服务的人生观

首先，这是由马克思主义的性质决定的。马克思主义就是为工人阶级和劳动人民服务的理论。其次，人的社会属性、人民群众创造历史的决定性作用要求要以为人民服务为人生目的。最后，几代中国共产党人提倡、践行为人民服务的人生观，已产生了广泛而深远的影响，以为人民服务为人生目的，代表了一种高尚的人生目的，已成为我们时代最先进最崇高的精神，而越来越多的人已具有这种崇高的精神。就会带动、激励更多的人去努力推进中国特色社会主义建设事业更好更快地向前发展。

一个树立了为人民服务人生观的人，就能对人生的目的有更为深刻的理解，为人民所想，造福人民，成为受人民群众欢迎的人。

一个树立了为人民服务人生观的人，就能以正确的人生态度对待人生，对待生活，始终对祖国和人民有高度的责任感，在服务人民和奉献社会中实现自己的人生价值。

总之，为人民服务的本质是对社会做贡献，这是社会主义的本质要求，人类历史上最先进人生观的体现。因此，青年学生在形成系统的世界观、人生观和价值观时应当树立"为人民服务"这样正确的人生观。

认识了世界观与人生观的关系，明确了追求高尚的人生目的、用科学高尚的人生观指引人生的意义。人生的意义，需要从人生价值的角度进行审视和评价。人们只有找到了自己对生活意义的正确答案，才会自觉地朝着选定的目标努力，以全部的情感、意志、信念去创造有价值的人生。

（三）价值观与人生价值

人，在世上活着，应该懂得做人的意义，也就是应该懂得人生的价值。只有懂得做人的意义，才不会虚度人生，才会创造出人生的价值。只有这样的人的生命，才不算虚度年华，有永远闪光的价值。小说《钢铁是怎样炼成的》中的一句名言："人，最宝贵的是生命。生命对于每个人都只有一次。这仅有一次的生命应当怎样度过呢？每当回忆往事的时候，能够不为虚度年华而悔恨，不因碌碌无为而羞耻；在临死的时候，他能够说：我的整个生命和全部精力，都已经献给了世界上最壮丽的事业——为人类的解放而斗争。"表达了作者对生命意义的探索和追求。

1. 价值和价值观

（1）什么是价值

价值最初是一个经济学问题，意思是：凝结

在商品中的劳动，就是商品的价值。后来运用到各个领域，不同的领域对价值的理解具有不同的含义。如这部作品的理论价值、审美价值如何，或是可能带来多少经济价值；有的文物不一定有多少经济价值，但具有很深厚的考古研究价值或收藏价值等，说的都是不同语境中的价值。

在哲学上的"价值"是揭示外部客观世界对于满足人的需要的意义关系的范畴，是指具有特定属性的客体对于主体需要的意义。哲学上的价值概念具有最大的普遍性，是对各种特殊的价值现象的本质概括。

（2）什么是价值观

价值观是人们关于价值本质的认识以及对人和物的评价标准、评价原则和评价方法的观点体系。价值观是人的一种自觉意识，它存在于价值观念之中，通过价值观念表现出来，但它是价值观念的内核，是最基本的价值观念。价值观念是对现实价值关系的评价性反映，本质上是一种实践性观念，是价值观与人的实践活动的中介环节。价值观念是价值认识的一种理性形式。价值观念是具体的。比如，自由价值观念、求学价值观念、幸福价值观念、就业价值观念等。价值观是在价值观念的基础上生成的。因此，价值观念与价值观实质是具体与一般的关系。价值观的主要表现形式是信念、信仰和理想。价值观包括价值评价、价值目标和价值追求。价值观和世界观、人生观是相一致的。价值观是世界观、人生观的重要组成部分。

价值观与世界观、人生观不是并列的关系，而是包含的关系。世界观、人生观都包含价值观，每一种世界观、人生观确立的同时就意味着确立起一种价值观。当一个人处于不自觉状态时，价值观是以隐性形式存在的；当一个人处于自觉状态时，它是以显性形式存在的。不存在没有价值观的世界观和人生观。

价值观对人的行为起着规范和导向作用。价值观不同的人，行为的去向也会不同，甚至可能截然相反。即使从同一个真理性的认识出发，也可能引出不同的甚至相反的行为取向。例如具有同样化学知识的人，有的人可能为人类造福，有的人可能制造毒品危害人民。可见仅仅拥有科学知识并不能保证人们行为的价值取向的正确。马克思主义以绝大多数人的利益为评价是非、善恶、美丑的标准，归根结底是以社会的进步和人类的彻底解放为标准的。

价值观对人们认识世界和改造世界、对人生道路的选择有重要导向作用。在当前思想多元化的背景下，人们的世界观、价值观、道德观经受着强烈的冲击和考验。开展道德模范人物评选颁奖活动，有利于在全社会树立起鲜明正确的价值导向。

价值观是一种社会意识，是社会存在的反映，它在一定的社会存在的基础上产生，随着社会存在的变化而变化。价值观集中反映一定社会的经济、政治、文化，代表了人们对生活现实的总体认识。

价值观作为一种社会意识，就其性质而言，有正确的、科学的价值观和错误的、不科学的价值观。正确的价值观是先进的社会集团或阶级在实践中形成的，反映了人民群众的要求，对历史发展和社会进步起着促进作用。正确的价值观要做到"两个符合"：第一，要符合事物发展的规律性。第二，要符合人类的根本利益。这两个方面是统一的，缺一不可。

现阶段衡量我国人民价值观正确与否的具体标准有党在社会主义初级阶段的基本路线以及符合基本路线的"三个有利于"。①中国共产党提出的社会主义初级阶段的基本路线，反映了我国社会主义现代化建设的基本规律，集中体现了我国各族人民的利益，因而它同时成为现阶段衡量我国人民价值观正确与否的重要标准。②"三个有利于"，即有利于发展社会主义社会的生产力，有利于增强社会主义国家的综合国力，有利于提高人民的生活水平；是判断我国改革开放和各项工作的标准。符合"三个有利于"的思想和行为，就是有价值的，对"三个有利于"的促进作用越大，其价值就越大。

在我国，坚持符合事物发展的规律性和人类的根本利益为最高标准与坚持党的基本路线、坚持"三个有利于"的具体标准，是完全一致的，二者是共性和个性，一般和个别的关系。实践是检验真理的唯一标准，千差万别的价值观只有在实践中通过检验，并被实践证明是符合事物发展的规律性和人类的根本利益，才能说它是正确的价值观。

　　要树立和坚持正确的价值观，发挥正确价值观的导向作用。任何一个社会在一定的历史发展阶段上，都会形成与其根本制度和要求相适应的、主导全社会思想行为的价值体系，即社会核心价值体系。在当代中国，树立正确的价值观，必须努力建设社会主义核心价值体系，积极培育和践行社会主义核心价值观。我国社会主义核心价值体系的基本内容，主要包括以下几个方面：坚持马克思主义指导思想；坚持中国特色社会主义共同理想；坚持以爱国主义为核心的民族精神和以改革创新为核心的时代精神；坚持社会主义荣辱观。"倡导富强、民主、文明、和谐，倡导自由、平等、公正、法治，倡导爱国、敬业、诚信、友善，积极培育社会主义核心价值观。"培育和践行社会主义核心价值观，是坚持和发展中国特色社会主义的内在要求，是凝聚社会共识、实现团结和谐的根本途径，是树立国家良好形象、提升国家文化软实力的迫切需要。

2．人生价值

　　人生价值是一种特殊的价值，是人的生活实

践对于社会和个人所具有的作用和意义。选择什么样的人生目的，走什么样的人生道路，如何处理生命历程中个人与社会、现实与理想、付出与收获、身与心、生与死等一系列矛盾，人们总是有所取舍、有所好恶，对于赞成什么反对什么、认同什么抵制什么，总会有一定的标准。人生价值就是人们从价值角度考虑人生问题的根据。它体现的是人与社会的关系，而不是物与人的关系，它所表示的是个人在社会中的作用和意义。因此，不同的人对此可能会有不同的回答，比如俄国的革命家、哲学家、作家和批评家车尔尼雪夫斯基说：生活只有在平淡无味的人看来才是空虚而平淡无味的。

人生价值是指一个人的存在和活动能否或在多大程度上满足社会及自身的实际需要。它包括两方面的内容：一方面是个人对社会的责任和贡献；另一方面是社会对个人的尊重和满足。人生价值的两个方面是辩证统一的，没有每个人对社会的责任和贡献，没有人们为社会创造财富，就没有满足个人的物质和精神生活需要的产品，社会就不能存在和发展，社会也就失去了对个人尊重和满足的基础，个人就会失去生存和发展的条件，同时也谈不上对社会尽义务和贡献。人生价值也是表示主客体关系的范畴，其特殊性在于，在人生价值中，人既是主体也是客体，是二者的统一。

我们只有正确地理解人生价值的内涵，明是非、辨善恶、知荣辱，才能在实践中最大限度地创造人生的价值，成就人生的辉煌。

人生价值的标准与评价

①人生的社会价值和个人价值

人生价值包括两个方面的内容：一是人的社会价值：是个体的人生活动对社会、他人所具有的价值。衡量人生的社会价值的标准是个体对社会和他人所做的贡献。二是人的个人价值：是个体的人生活动对自己的生存和发展所具有的价值，主要表现为对自身物质和精神需要的满足程度。

②衡量的标准

知道了什么是人生价值，衡量人生价值的标准是什么呢？

每个人的人生价值的衡量，并不能由自身来决定，而是必须由他人来完成，衡量人生价值的标准并不是主观的，而是客观的。人生价值并不是人们对自身需要的满足，而是以人们对他人或社会需要满足的程度为标准的，所谓对他人或社会需要的满足程度，即是对他人或社会所做出的贡献。若你对他人或社会做的贡献多，那么你的人生价值就大，反之则小。因此，我们认为，真正有意义、有价值的人生应该是一种奉献的人生。在历史上，许多使自己的人生充满光彩的人们，对这一点都有深刻的认识。

爱因斯坦说："对于我来说，生命的意义于设身处地地替人着想，忧他人之忧，乐他人之乐。"雷锋说："自己活着，就是为了使别人过得更美好。"范仲淹曾说过的"先天下之忧而忧，后天下之乐而乐"也充分地表明了一位儒家知识分子的"鞠躬尽瘁，死而后已"的奉献精神。

当然，人生价值的实现并不是一帆风顺的，而是要经受许多的挫折与磨难。正如孟子所说的："天将降大任于斯人也，必先苦其心志，劳其筋骨，饿其体肤，空乏其身，行拂乱其所为，所以动心忍性，曾益其所不能。"

③人生价值评价的标准

第一，坚持能力有大小与贡献须尽力相统一。

每个人的能力不同，同时，各人所具备的实现人生价值的各种条件也是有差异的，这就决定了各人对社会贡献的绝对量大小不同。所以，考察一个人的人生价值，要把个人对社会的贡献同他的能力以及与发挥自己能力相对应的社会条件联系起来。不能简单地认为能力大的人就实现了人生价值，能力小的人就没有实现人生价值。谁能说说科学家和农民的社会贡献谁的大谁的小？

在我们社会主义社会，任何人只要在自己的工作岗位上尽职尽责，兢兢业业，尽了自己的力量和责任而工作，就应该对其人生价值给予积极、肯定的评价。

毛泽东曾经说过，一个人的能力有大小，但只要有这点精神，就是一个高尚的人，一个纯粹的人，一个有道德的人，一个脱离了低级趣味的人，一个有益于人民的人。

第二，坚持物质贡献与精神贡献相统一。

社会的发展与进步是物质文明和精神文明的共同发展与进步，社会劳动的内容是物质生产劳动和精神生产劳动的统一。因此，评价一个人的人生价值，不仅要看对社会做出的物质贡献，也要看对社会做出的精神贡献。精神贡献对社会发展的巨大推动力有时是不可估量的。爱因斯坦说过:"现在这代人往往注意我们这代人发明了什么,有哪些著作。实际上我们这代人的道德行为对世界的影响从某种意义上讲更大。"

第三,坚持完善自身与贡献社会相统一。

要正确认识人生的自我价值与社会价值的关系,虽然人生的社会价值是实现人生自我价值的基础,评价人生价值的主要应看一个人的人生活动对社会和他人所做的贡献。但这并不意味着要否认人生的自我价值。社会是人创造并由个体组成的,人的自我完善和全面发展、个体自身物质和精神需要得到了满足,才能为社会、他人做出自己的贡献,创造更多的社会价值。

微软公司创始人比尔·盖茨。1975 年,比尔·盖茨与他的伙伴创立了微软公司。30 多年里,盖茨驾驭着这个软件公司用技术一步步地扩充着帝国版图,改变和影响着整个世界。如今,执掌微软 31 年的盖茨终于决定引退,并做出一个再次改变世界的决定——捐出 580 亿美元身家,连人带钱一起投身慈善行业。盖茨"裸捐"的决定让世界震惊,也让世界富豪开始重新审视财富的价值。这对微软意味着一个时代即将结束，但对世界却意味着多了一个捐出 580 亿美元身家的全职慈善家。

第四，坚持动机和效果相统一。

动机和效果是相辅相成的，动机引发行为，行为造成效果；效果由行为造成，行为由隐藏其后的动机支配。一般来说，动机善，相应的效果也善；动机恶，效果也恶。但是，动机与效果并不总是一致的，在某些情况下，善的动机也可能产生恶的效果，恶的动机也可能产生善的效果。所以，在人生价值的评价中，要在坚持动机和效果辩证统一的基础上，既注重其人生实践的最终结果，又要全面考察其具体的人生实践历程。通过联系动机看效果，通过效果察动机，只有这样才能正确、客观评价一个的人生价值。

人生的价值首先在于对社会的贡献，它是社会存在和发展的基础，是人生价值的基本标志，是先进人物的主要特色。要求我们发挥主观能动性，充分利用客观条件，不断提高自身素质，同时需要有坚定的理想信念和正确价值观的指引，发扬顽强拼博、自强不息的精神，立足本职，做出更大的贡献。

参考文献

[1]《邓小平文选》第 2 卷，人民出版社 1994 年版。

[2]《马克思恩格斯选集》第 1 卷，人民出版社 1995 年版。

[3]《马克思主义基本原理概论》，高等教育出版社 2013 年版。

[4]《思想道德和法律基础》，高等教育出版社 2013 年版。

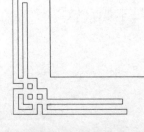